मैं... अनामिका

और दो

अन्य नाटक

मथुरा कलौनी

notionpress.com

INDIA · SINGAPORE · MALAYSIA

ISBN

Hardcase 979-8-90479-253-4
Paperback 979-8-90362-863-6

समर्पण

विमला

अनुक्रम

मैं... अनामिका 7
सम्मान 43
जनकसुता उर्मिला 85

मथुरा कलौनी – लेखक परिचय 107
मथुरा कलौनी की पुस्तकें 109

मैं... अनामिका

दो शब्द

"**मैं... अनामिका**" लिखते समय मेरे मन में बार-बार एक ही प्रश्न उठता रहा—क्या हम अपने भीतर के गहन घावों का शब्दों में वर्णन कर पाते हैं? क्या उन्हें संवादों के माध्यम से अभिव्यक्त कर पाते हैं? या बहुत कुछ हमारे भीतर ही रह जाता है, मौन बनकर?

यह एकांकी उसी मौन की कथा है। अनामिका मेरे लिए केवल एक पात्र नहीं, बल्कि उस आधुनिक स्त्री का रूप है जो शिक्षित है, आत्मसम्मान से भरी है, पर अपने भीतर कई अत्यंत पीड़ादायक और न साझा की जा सकने वाली घटनाओं तथा अधूरे संबंधों का बोझ लिए चलती है। वह बाहर से शांत दिखाई देती है, किंतु भीतर एक गहरा द्वंद्व चलता रहता है।

नाटक का घटनाक्रम एक साधारण-से कैफेटीरिया में घटित होता है, जहाँ अनामिका अपने अतीत और वर्तमान के बीच ठहरी हुई-सी है। कार्तिक का आगमन उसके भीतर दबे भावों को फिर से जगा देता है और पीड़ादायी स्मृतियों को सतह पर ले आता है। अंततः वह कार्तिक से नहीं, बल्कि स्वयं से संवाद करती हुई आगे बढ़ने का साहस जुटाती है।

"मैं... अनामिका" स्त्री-अस्मिता, अकेलेपन और आधुनिक जीवन की भावनात्मक रिक्तता का एक सधा हुआ, काव्यात्मक और प्रभावशाली नाट्य-प्रस्ताव है।

इस नाटिका का **कलायन नाट्य संस्था** में कई बार नाट्य-पाठ हुआ है। प्रत्येक बार यह प्रस्तुति श्रोताओं को गहरे तक छू जाती है—कभी स्तब्ध कर देती है, तो कभी कुछ आँखें नम भी हो उठती हैं।

यदि यह एकांकी पाठकों के मन में भी ऐसी ही कोई हल्की-सी तरंग जगा सके, तो मेरा प्रयास सार्थक होगा।

— मथुरा कलौनी
बेंगलूरु, 14 मार्च 2026

मैं... अनामिका

पात्र-परिचय

अनामिका और कार्तिक

दोनों की आयु लगभग 22 वर्ष

कैफेटीरिया में अनामिका अकेली बैठी है। टेबल पर चाय की प्याली दोनों हाथों से पकड़े अनमनी-सी है। कार्तिक आता है। उसके हाथों में चाय की ट्रे है। वह अनामिका को कुछ क्षण देखता है और आकर टेबल की दूसरी ओर कुर्सी खींचकर बैठ जाता है। अनामिका आँखें उठाकर उसे देखती है फिर अपना ध्यान अपनी चाय की प्याली पर केंद्रित कर लेती है। उसने चाय की प्याली इस तरह कसकर पकड़ी हुई है, जैसे चाय की प्याली ही उसका अस्तित्व हो।

कार्तिक
हलो अनामिका।

अनामिका कोई उत्तर नहीं देती।

कार्तिक
वही अनामिका, वही कैफेटीरिया, वही टेबल, वही समय और वही चुप्पी। बहुत देर से बैठी हो क्या?

अनामिका
नहीं।

कार्तिक
मैं यहाँ बैठ तो सकता हूँ न? मेरा यहाँ आना तुम्हें अच्छा न लगा हो तो...

अनामिका कोई उत्तर नहीं देती।

कुछ तो बोलो अनामिका। बैठूँ या जाऊँ?

अनामिका
मुझे कोई अंतर नहीं पड़ता, कार्तिक। बैठो या जाओ, तुम्हारी मर्जी।

कार्तिक
हम फिर मिल रहे हैं।

अनामिका कोई उत्तर नहीं देती।

कभी-कभी लगता है... तुम इस दुनिया में हो ही नहीं।

अनामिका कोई उत्तर नहीं देती।

माने तुम इस दुनिया में तो हो पर इस दुनिया की नहीं लगती हो।

अनामिका
तुम शायद सही कहते हो। मैं दिखती भर हूँ, पर यहाँ हूँ नहीं।

कार्तिक

मतलब यह कि तुम भौतिक रूप में तो यहाँ हो, पर तुम्हारा मन कहीं और है। यही न?

एक शायर थे अकबर इलाहाबादी, उन्होंने कहा था-

दुनिया में हूँ, दुनिया का तलबगार नहीं हूँ।

बाज़ार से गुज़रा हूँ ख़रीददार नहीं हूँ।

अनामिका कोई उत्तर नहीं देती।

तुम हमेशा इतनी गहन-गंभीर चुप्पी क्यों साधे रहती हो, अनामिका? हम दोनों के बीच संवाद नहीं। वार्तालाप नहीं। वार्ता तो गायब है, बस मेरा एकालाप रह गया है।

अनामिका

तुम्हारा एकालाप है, इसका दायित्व भी तुम ही लो। तुम्हें अपने एकालाप के लिए कोई बाध्य भी नहीं कर रहा है।

कुछ क्षण कार्तिक की ओर देखती है।

हाँ, हम दोनों के बीच कोई संवाद नहीं है। संवाद हो भी कैसे? हम एक-दूसरे को जानते ही कहाँ हैं। एक ही जगह काम करने से या एक ही कैफेटीरिया में मिलने से एक-दूसरे को जानना नहीं होता। मुझे मालूम है, और अब तक तुम्हें भी मालूम हो गया होगा कि मैं आत्मलीन हूँ, मितभाषी हूँ और मैं इसी में संतुष्ट हूँ।

विराम।

कार्तिक
तुम इतनी आत्मलीन क्यों हो अनामिका?

अनामिका
(उत्तेजित होकर) मेरा स्वभाव। (स्वयं को संयत कर) मैंने अपने चारों ओर दीवारें खड़ी कर रखी हैं। अभेद्य दीवारें। सुन लो कार्तिक। तुम इतने दिनों से मुझे कुरेद रहे हो, पर ये दीवारें अभेद्य हैं। मुझे नहीं मालूम कि तुम क्यों मेरे बारे में जानना चाहते हो। यहाँ तुम्हें कुछ नहीं मिलने वाला। मैं एक नीरस व्यक्तित्व हूँ। दुनिया में हूँ, क्यों आई, मुझे नहीं मालूम। हाँ, मैं दुनिया की तलबगार भी नहीं हूँ। अपनी इन दीवारों के अंदर ही मैं स्वयं को सुरक्षित पाती हूँ। मेरी कोई आशा-आकांक्षा नहीं है। मेरी किसी से कोई अपेक्षा नहीं है। मैं बस संतुष्ट हूँ।

कार्तिक
मैं तुम्हें समझना चाहता हूँ। लेकिन...

अनामिका
क्यों?

कार्तिक
क्यों नहीं? मैं तुम्हें इतने दिनों से जानता हूँ।

अनामिका
मुझे नहीं लगता है कि तुम मुझे जानते हो... या मेरे बारे में कुछ जानते हो। (दृष्टि कहीं दूर टिकी है।) मैंने कहा न, नाम जानना ही व्यक्ति को जानना नहीं होता है।

कार्तिक

उत्सुकता है... इसलिए पूछ रहा था। तुम...

अनामिका झट से उठ कर जाने लगती है।

अरे नहीं। तुम कहाँ जा रही हो... उत्सुकतावश पूछ रहा था। तुम्हें बुरा लगा तो नहीं पूछूँगा। मैं ही चला जाता हूँ।

अनामिका

(बैठते हुए) मैं अपने बारे में किसी से बात करना नहीं चाहती। न ही मुझे बात करने की कला आती है।

कार्तिक

जिनको बात करने की कला आती है, वे अक्सर अपनी बातों में अपनी कला का मुलम्मा चढ़ा कर बोलते हैं जो कभी-कभी सच से दूर ही होता है।

अनामिका चुपचाप दूसरी ओर मुँह कर कहीं दूर देखती है।

तुम अपनी कोई एक दीवार तो गिराओ।

अनामिका

फिर वही! इसको प्रताड़ित करना कहते हैं। या तो तुम यहाँ से उठ कर चले जाओ, या मुझे जाने दो।

विराम।

दीवारें गिराई नहीं जातीं, कार्तिक। वे गिरती हैं, जब भरोसा हो। और भरोसा... मेरे जीवन के शब्दकोश में खोजे नहीं मिलता।

चुप्पी। कार्तिक उसे ध्यान से देखता है।

कार्तिक

ठीक है अनामिका। मत गिराओ दीवार। मत करो भरोसा। भरोसा करोगी तो ही तो धोखा खाओगी। भरोसा ही नहीं करोगी तो धोखा खाने का प्रश्न ही नहीं उठता है। पर यह सिद्धांत तुम्हें बहुत दूर तक नहीं ले जाएगा। यह संसार भरोसे पर ही टिका हुआ है। एक अकेला व्यक्ति क्या कर लेगा या कितना कुछ कर लेगा।

(उठ कर) चलता हूँ। मुझे मालूम है, तुम निपट अकेली हो। कभी अकेलेपन से घबराओ या किसी से बात करने की इच्छा हो तो बुला लेना। (जाने लगता है।)

अनामिका

कार्तिक, मैं ही क्यों? इतना बड़ा ऑफिस है, इतने लोग हैं। तुम मेरे ही पीछे क्यों पड़े हो? मैं बेरंग, नीरस, अनुभवहीन!

विराम।

(थोड़ी असहज होती है।) अगर बताऊँ भी... तो क्या बदलेगा? लोग सहानुभूति जताने लगते हैं। मुझे नहीं चाहिए कोई सहानुभूति। जहाँ हूँ, जैसी हूँ, अच्छी हूँ। न ऊधो का लेना, न माधो का देना।

कार्तिक

(बैठता है।) तुम अपने बारे में मुझे बता सकती हो अगर चाहो तो। मैं तो तुम्हारे लिए एक अजनबी ही हूँ। मुझे बताने से तुम्हारे सामाजिक समीकरणों में कोई अंतर नहीं पड़ने वाला।

अनामिका निर्निमेष दृष्टि से कार्तिक को देखती है पर बोलती कुछ नहीं।

मैं इसलिए पूछ रहा था कि मुझे तुम्हारे बारे में जानने की उत्सुकता है। जीवन की उलझनें तो सबके पास होती हैं। क्या पता तुम्हारे अनुभव से दूसरों को अपना रास्ता तलाशने में सुविधा हो।

हाँ, मैं तुम्हारे बारे में जानना चाहता हूँ। हाँ, मैं तुम्हारे प्रति उत्सुक हूँ। यह मेरी सहज जिज्ञासा है और कुछ नहीं। न मैं ऊधो हूँ जिससे तुमको कुछ लेना है और न मैं माधो हूँ जिसको तुम्हें कुछ देना है। वैसे कुछ न बताने की ठान ही ली हो तो तुम, तुम्हरा जीवन और तुम्हारी दीवारें, सब रखो अपने पास। खुश रहो, संतुष्ट रहो।

अनामिका

(थोड़े आवेश में) और फिर तुमने ठीक ही कहा था। मैं, मेरा जीवन और मेरी दीवारें! यही हूँ मैं, यही है मेरा अस्तित्व। जब मैं अपना बीता हुआ कल किसी के साथ साझा नहीं करना चाहती तो क्यों बार-बार पूछते हो? और मुझे आश्चर्य हो रहा है कि तुम इतनी देर से यहाँ बने हुए हो... तुम तो उठकर जाने वाले थे न, अभी तक गए नहीं।

कार्तिक

थोड़ा-बहुत आत्मसम्मान तो मेरा भी है। मेरे लिए यह जानना बहुत आवश्यक होता है कि सामने वाला मेरी उपेक्षा तो नहीं कर रहा है। तुम

मेरी उपेक्षा करने की चेष्टा तो कर रही हो पर मुझे नहीं लगता कि तुम सचमुच चाहती हो कि मैं यहाँ से चला जाऊँ।...

अनामिका कोई उत्तर नहीं देती।

मैं भी अपने काम से काम रखता हूँ। मेरा भी वही सिद्धांत है... न ऊधो का लेना, न माधो का देना। मैं कब का चला गया होता। पता नहीं क्यों न चाहते हुए भी तुम्हारी ओर मुड़ आता हूँ। तुम्हारे बारे में जानने की उत्सुकता बलवती हो जाती है।

विराम।

इतना तो शायद तुम समझ ही गई होगी कि मुझ पर भरोसा किया जा सकता है।

अनामिका
मैं किसी पर भरोसा नहीं करती।

विराम।

तुम बहुत उत्सुक हो न मेरे संबंध में जानने के लिए। कहीं तुम भी टूटे हुए हो क्या? अपने बीते कल में उलझे हो?...
चलो सुनाती हूँ मैं अपनी कहानी तुमको। बस पहले तुमसे एक वचन चाहती हूँ कि मेरी कहानी सुनने के बाद फिर कभी मेरा रास्ता न काटना।

कार्तिक
ठीक है, तुम यही चाहती हो तो।

अनामिका

हाँ मैं यही चाहती हूँ। (कहीं दूर देखती है।)

मेरा नाम अनामिका है। बिना नाम वाली, जो मैं बनना चाहती हूँ पर बन नहीं पाती।

अपनी बाएँ हाथ की अनामिका को पकड़ कर दिखाती है।

इस उँगली को अनामिका कहते हैं। कनिष्ठा और मध्यमा के बीच की उँगली। यह अनामिका-मुद्रा में प्रयुक्त होती है। जब भी मेरा मन विचलित होता है, मैं अनामिका-मुद्रा में बैठ जाती हूँ। ऐसे...

कुर्सी पीछे कर आराम से बैठती है। अनामिका-मुद्रा बनाती है।

दस मिनटों में ही तनाव से मुक्ति मिलने लगती है। कभी-कभी मन को एकाग्र करना कठिन हो जाता है तब कुछ समय लग जाता है।

कार्तिक बड़ी तन्मयता से उसे देखता रहता है।
प्रकाश धीमा होते-होते बहुत धीमा हो जाता है। और केवल अनामिका में धीमा प्रकाश।
धीमे-से पाश्चात्य धुन उभरती है।

हम लोग बहुत अमीर थे। माँ-बाप दोनों को बहुत सारी पैतृक संपत्ति मिली थी। दोनों पार्टी एनिमल्स थे। आए दिन घर में पार्टियाँ हुआ करती थीं। जगमगाती रोशनियों में, पाश्चात्य धुन में थिरकते हुए जोड़ों में, कॉकटेल के नशे में बिना मतलब के हँसने वाले लोगों के बीच मेरा लालन-पालन हुआ था।

सभी मुझे प्यार करते थे।...

सभी मुझे प्यार करते थे –कथन तीन बार प्रतिध्वनित होता है। तीसरी बार स्वर विकृत हो जाता है।

जब पार्टी होती थी तो संगीत से फर्श काँपता रहता था।

फर्श काँपता रहता था। –कथन तीन बार प्रतिध्वनित होता है।

(भर्राई हुई आवाज में) मेहमान सब कमरों में घुस आते थे, इसलिए मुझे डर लगा रहता था। मैं लोगों से मिलने में झिझकती थी। अंतर्मुखी थी। इन्ट्रोवर्ट थी। मैं वहाँ हॉल के किसी कोने में बैठी ऊँघ रही होती तो मेरी माँ मुझे सोने भेज देती थी। मुझे अकेले अपने बेडरूम में जाने में डर लगता था। बेडरूम में चली भी गई तो उस शोरगुल में मैं सो ही नहीं पाती थी।

घर में सदा उत्सव का माहौल रहता था। माँ-बाप के दोस्त आते और घंटों बैठे रहते। कभी-कभी सुबह तक। घर के ऐसे वातावरण में मेरी नींद ही पूरी न हो पाती थी। सूजी आँखें लिए मैं स्कूल जाती थी। वहाँ भी मैं उँघती रहती थी। मेरे सहपाठी मुझे कुंभकर्ण कहकर चिढ़ाते थे।

बच्चों के कोलाहल के बीच कुंभकर्ण... कुंभकर्ण... कुंभकर्ण की आवाज उभरती है। अनामिका बहुत विचलित हो जाती है। टेबल पर कोहनियाँ रखकर हाथों में सिर छिपाती है। फिर स्वयं को संयत कर अनामिका मुद्रा में बैठती है।

स्कूल में मेरा कोई मित्र नहीं था, कोई सहेली नहीं थी जिसके साथ मैं अपना दर्द बाँट सकती। मैं उन सब से अलग-थलग थी। सबके माँ-बाप उन्हें छोड़ने या लेने आते थे। केवल मैं थी जिसके माँ-बाप कभी स्कूल नहीं आए। एक बड़ी-सी गाड़ी थी जिसमें ड्राइवर मुझे स्कूल छोड़ने और लेने आता था। सभी मुझे ताना मारते थे। कोई व्यंग्य करता कि बड़े बाप की बेटी है तो कोई मुझे ड्राइवर की बेटी तक कह देता था। यहाँ तक कि हमारी क्लास टीचर भी ताना मारने से नहीं चूकती थी।

स्कूल से घर लौटती थी तो माँ या तो सो रही होती या घर में ही नहीं होती थी। मुझसे बात करने वाला कोई न होता। मेरे आँसू पोंछनेवाला कोई नहीं था। मैं अपने माँ-बाप से बहुत डरती थी। मैं बच्ची ही तो थी। मैं अपने अंदर के संशय, अपने डर किसी पर प्रकट नहीं कर सकती थी। हजार सवाल होते थे, बस अंदर घुमड़कर ही रह जाते थे। किससे पूछती!

आया की आवाज। ही-ही-ही अनु बाबा, स्कूल का टाइम हो गया है। तुमारा स्कूल का बैग रेडी है।

मेरी एक आया थी जो सुबह आकर मुझे स्कूल के लिए तैयार करती थी। वह लाड़ दिखाने के बहाने मुझे चूमने की कोशिश करती थी। बाद में वह जहाँ-तहाँ हाथ लगाने लगी थी। मुझे घिन आती थी।

आया की आवाज। अनु बाबा, तुमारा स्कूल का फ्रॉक में इसतीरी कर दिया है। ही-ही-ही आओ गरमागरम फ्रॉक पहना देता है, ही-ही-ही।
बाबा तुमारा गोल-गोल गाल कितना सॉफ्ट है। ही-ही-ही।

स्कूल से आने के बाद उसकी छुअन को भुलाने के लिए रगड़-रगड़ कर नहाती थी। माँ से कितनी ही शिकायतें कीं पर वह तो सुनना या समझना ही नहीं चाहती थी। वह मेरी माँ थी, पर सुविधाभोगी थी। मैं उसकी सुविधा में बाधा बन रही थी। वैसे उसके लिए भी मेरी समस्या या तो समस्या थी ही नहीं और यदि थी भी तो एक मामूली समस्या थी।

अनामिका के ऊपर झिलमिल प्रकाश। उसकी आवाज में कंपन है। तनावपूर्ण धीमे संगीत के साथ।

एक बार मैं अपना ज्योमेट्री बॉक्स ठीक कर रही थी। उसने मुझे गोद में उठा लिया और जहाँ-तहाँ चूमने लगी। मैं चिल्लाई तो वह हें-हें अपनी भौंड़ी-सी हँसी हँसने लगी। मेरे हाथ में कंपास था। मुझे इतना गुस्सा आया कि मैंने कंपास का नुकीला हिस्सा उसकी गर्दन पर दे मारा। एक बार नहीं दो बार। दूसरी बार कंपास टूट गया और नुकीला भाग उसकी गरदन में अटक गया नहीं तो शायद और मारती। वह भी अब रोने-चिल्लाने लगी।

अनामिका और आया की मिलीजुली आवाज। अनामिका चीखती है और आया चिल्लाती है कि बाबा ने मुझे मार दिया...बचाओ...बचाओ।
माँ की आवाज- अनामिका छोड़ो आया को। घसीटने की आवाज। दरवाजा बंद करने की आवाज।

माँ ने मेरा हाथ पकड़ कर घसीटा और मुझे कमरे में बंद कर दिया। सारा दिन कमरे में बंद रही। मैं बहुत डरकर काँप रही थी कि पुलिस आई होगी। लाश उठा कर ले गई होगी।

अनामिका की आवाज- नहीं-नहीं। मैंने नहीं मारा उसको। प्लीज-प्लीज मुझे फाँसी मत दो। माँ, माँ मुझे मुझे बचा लो। मैं फिर कभी बाहर नहीं निकलूँगी। अपने कमरे में ही बंद रहूँगी। प्लीज बचा लो माँ।

वह तो मुझे दो दिन बाद पता चला कि आया को हॉस्पिटल ले जाया गया था। मरहम पट्टी के बाद वह अपने घर चली गई थी।

अनामिका टेबल पर हाथों में सिर छिपा लेती है।

उस आया को याद कर आज भी मुझे उबकाई आ जाती है।

स्वयं को संयत करती है।

मुझे बताने वाला कोई न था। दो दिनों तक मैं यही समझती रही कि मैं हत्यारिन हूँ। सोते-जागते अपने को फाँसी के फंदे पर देखती रही।

इस घटना से मेरे घर की दिनचर्या में कोई विशेष अंतर नहीं आया। आया का आना बंद कर दिया गया। मैं अपना सामान अब खुद संभालती थी। किसी से सहायता की आवश्यकता भी नहीं थी। मेहमान आते रहे, पार्टियाँ चलती रहीं।

अनामिका उठती है और अपना बैग उठा कर जाने को उद्यत होती है।

कार्तिक

(आश्चर्य मिश्रित भाव) बस इतनी-सी कहानी है!

अनामिका कार्तिक को निर्निमेष देखने लगती है। कार्तिक अचकचा जाता है।

म...मेरा कहने का मतलब है...

अनामिका
(जाने लगती है।) कैफेटीरिया बंद हो रहा है।

कार्तिक
ओह। चलो कहीं और बैठते हैं।

अनामिका ना में सिर हिलाती है।

फिर कब मिलोगी?

अनामिका कोई उत्तर नहीं देती है।

तो कल मिलते हैं। यहीं पर।

अनामिका बिना उत्तर दिए चली जाती है।

कुछ क्षणों के लिए अँधेरा। प्रकाश लौटता है। कार्तिक बैठा प्रतीक्षा कर रहा है।
अनामिका अपनी चाय की ट्रे लेकर आती है।
कार्तिक उठ कर खड़ा हो जाता है।

कार्तिक

एक बार तो मुझे लगा था कि तुम नहीं आओगी।

दोनों बैठते हैं। अनामिका चाय की चुस्की लेती है और आँखें प्याली में ही गड़ाए रखती है।

अनामिका

नहीं ही आनेवाली थी। तुमने मुझे एक उलझन में डाल दिया है।

मेरा बीता हुआ कल एक बंद प्रकोष्ठ है जिसमें कुछ डरावने घृणित चेहरे हैं, भयावह अनुभव हैं।

प्रकाश धीमा होते हुए लुप्त हो जाता है। अँधेरे में डरावने संगीत के साथ भयानक चेहरे उभरते हैं। अनामिका के हाथ से प्याली छुट जाती है। अनामिका की हल्की चीख।

कार्तिक टिशू पेपर से टेबल पोंछ देता है। कुछ टिशू अनामिका को पकड़ाता है और कुछ फर्श पर गिरी चाय पर डाल देता है। काँपती हुई अनामिका का हाथ पकड़ कर दूसरी कुर्सी पर बिठाता है।

आई एम सॉरी। (म्लान-सी हँसी हँसते हुए) उस प्रकोष्ठ में झाँकना कोई सुखद अनुभव नहीं है। अब मैं भी चाहती हूँ कि तुम भी एक झलक देख लो। अकेले झेलते-झेलते अंदर बहुत कुछ भर गया है। कुछ बाहर निकले तो शायद मन हल्का हो। बस अपना वचन याद रखना कि मेरी कहानी सुनने के बाद फिर कभी मुझसे न मिलना।

कार्तिक

वह तो मैं पहले ही कह चुका हूँ। तुम नहीं चाहती हो तो कभी तुम्हारे सामने नहीं आऊँगा। तुमने वचनबद्ध कर रखा है। पर मेरी समझ में यह नहीं आया कि तुम ऐसा क्यों चाहती हो?

अनामिका

तुम स्वयं ही समझ जाओगे। (कुछ रुक कर) मैं कभी नहीं चाहूँगी कि जिसको मैं अपने बजबजाते घाव दिखाए हों उससे फिर कभी मेरा सामना हो।

दोनों कुछ क्षण चुप रहते हैं।

मेरा बीता हुआ कल जिस प्रकोष्ठ में बंद है उसके अंदर केवल मैं ही जाती रहती हूँ। और लोगों के लिए उसे हमेशा बंद रखती हूँ। कल तुमने जिद की तो मैंने उस प्रकोष्ठ के द्वार खोल कर अपने बीते कल की एक झलक दिखाई थी तुमको।

माँ-बाप के सान्निध्य के अभाव में मुझे एक अजीब-सा डर लगा रहता था कि यदि मेरे माँ-बाप ने मुझे छोड़ दिया तो मेरा क्या होगा। शायद इसी डर के कारण मैं लाड़ खोजने माँ के पास जाती थी, पर मेरी माँ हमेशा व्यस्त रहती थी। मेरे लिए उनके पास समय ही नहीं था। मुझे झिड़क दिया करती थी। समय तो पिता जी के पास भी नहीं होता था पर वे मुझे झिड़कते नहीं थे। एक बार रात में मैंने डरावना सपना देखा। उठ कर देखा तो पिता जी अपनी स्टडी में काम कर रहे थे। मैं चुपके वहीं जा कर सोफे पर सो गईं। सुबह नींद खुली तो पिता जी ने अपना शाल मुझे उढ़ा रखा था। अपनत्व की इस गर्माहट से मुझे रोना आया था।

विराम।

हमारे घर के पर्दों में सिगरेट के धुँए, शराब और परफ्यूम की मिलीजुली बदबू समाई होती थी।... मेरे माँ-बाप मुझसे प्यार तो शायद करते थे पर उनका प्यार इसी मिलीजुली बदबू में कहीं था।...

जब पार्टी होती थी तो मेहमान हाथों में गिलास पकड़े सब कमरों में घुस आते थे और कुछ तो ओछी हरकतें करने लगते थे। मैं अपने कोने में सिकुड़ी, थक कर चूर बैठी रहती तब आता था वह अंकल।...

सस्पेंस म्यूजिक।
हे-हे-हे बनावटी हँसी।

मैं जहाँ भी छिपती वह मुझे खोज लेता था।

हे-हे-हे बनावटी हँसी।
अंकल की आवाज – अनामिका मैं तुम्हारे लिए कुछ लाया हूँ।
अरे चॉकलेट लाया हूँ रे बाबा हे-हे-हे।
लड़की की आवाज- नहीं चाहिए मुझे।
अंकल की आवाज- अरे ले ले।
लड़की के चीखने की आवाज।

उसने मेरा हाथ पकड़ लिया था। अपने दूसरे हाथ से अपना जिप खोल कर मेरा हाथ वहाँ ले गया। मैंने धक्का दे कर उसे गिरा दिया और वहाँ से भाग आई।

दौड़ कर माँ के पास गई तो मेरे कुछ कहने से पहले ही मुझे ही डाँट दिया कि मैं मेहमानों के बीच क्या कर रही थी, सोने क्यों नहीं चली गई?

मैं कहाँ सोने जाती! सब जगह तो मेहमान घुसे रहते थे। मैं अपने कमरे का दरवाजा नहीं बंद कर सकती थी क्योंकि लोग वाशरूम के लिए आते-जाते रहते थे।

कमरा बहुत बड़ा था। दरवाजे की ठीक उल्टी ओर वाशरूम था। दरवाजे से वाशरूम तक वाल-टु-वाल पर्दा था जिससे पर्दे की दूसरी ओर लगा पलंग एकदम छिप जाता था। पर आवाजें तो आती रहती थीं। मेरे अंदर एक अनजाना-सा हौल बना रहता था। सोने का सवाल ही नहीं उठता था।

उस दिन मैं अपने कमरे में गई। और दरवाजा बंद कर दिया। कोई मेहमान वाशरूम के लिए आएगा तो देखा जाएगा। दरवाजा बंद कर पर्दा हटा कर अंदर गई तो वह अंकल वहाँ मेरा इंतजार कर रहा था। उसने अंदाज लगा लिया था कि मैं अपने कमरे में ही जाऊँगी। मुझे चॉकलेट दिखा कर मेरी ओर बढ़ने लगा। मैंने उछलकर एक लात मारी। उसने ऐसी आशा नहीं की होगी। वह अचकचा कर गिर गया। मैं दरवाजा खोल कर बाहर चली गई।

मैंने उस अंकल से बचने के लिए एक जगह खोज ली थी। मेरे पलंग के नीचे। यह वह जगह थी जहाँ कोई मुझे टच नहीं कर सकता था। मैं हल्की-हल्की साँस लेते घंटों पड़ी होती। पड़े-पड़े मेरे मन में विचार आता कि क्या मैं मर गई हूँ। फिर अपने को ही समझाती कि, नहीं अनामिका तू मरी नहीं, डरी हुई है। तेरी साँस तो चल रही है।

विराम।

और एक दिन पार्टी बहुत जल्दी आरंभ हो गई थी। पलंग के नीचे लेटे-लेटे मुझे नींद आ गई थी। पलंग में हलचल हो रही थी, उसीसे मेरी नींद खुली।

पलंग के हिलने और समागम की मिलीजुली आवाजें।
फिर बीतचीत की आवाजें।
औरत – सुनो, मेरी बेटी से दूर रहो।
अंकल – हे-हे-हे क्या कह रही हो! आजकल तो वह दिखाई भी नहीं पड़ती है।
औरत – डर गई है बेचारी। तुम उससे दूर रहो। समझे न तुम।
अंकल- हे-हे-हे तुम भी ना। बिना मतलब के कैसी बात करती हो!

पलंग में थे मेरी माँ और वही अंकल। उनके जाने के बाद मैं अपनी उबकाई को और रोक नहीं पाई।

कार्तिक

तुम्हारी माँ... उसी अंकल से! यह जानते हुए उसने कि तुम्हारे साथ अनाचार की चेष्टा...

अनामिका

जानती तो थी वह... पर क्या पता उसने मेरी बात पर पूरा विश्वास नहीं किया हो। या वह सबकुछ जानते हुए भी नहीं जानना चाहती थी। उस अनाचार की घटना को ही नकारना चाहती थी। कार्तिक, कभी-कभी यह सुविधाजनक होता है कि विश्वास न किया जाए। मेरी माँ यदि हृदय से विश्वास कर लेती तो उसे कुछ अप्रिय कदम उठाने पड़ते। लोग बातें करने लगते। यह उसे कभी स्वीकार्य नहीं होता कि उसकी जीवनशैली में कोई बाधा आए या कोई बदलाव हो। आँखें मूँद लो तो गंदगी दिखाई नहीं पड़ती। अपना मन ही मूँद लो तो बेटी ही नहीं दिखाई पड़ती।

फिर कौन जाने अंकल ने माँ को कैसी पट्टी पढ़ाई थी।

कार्तिक
फिर भी...

अनामिका
मैं सकते में आ गई थी। उस रात जब एकांत मिला तो मैंने ही अपनी उबकाई साफ की थी। मेरे आँसू रुक ही नहीं रहे थे। मन में एक भाव भी आ रहा था कि इतने आँसू आ कहाँ से रहे हैं? मैं रो क्यों रही हूँ? खैर, मेरी मानसिक स्थिति का अनुमान तुम नहीं लगा सकते कार्तिक।

कार्तिक
सचमुच नहीं लगा सकता... सोच भी नहीं सकता...

विराम।

अनामिका
धीरे-धीरे पार्टियाँ कम होने लगीं।

कार्तिक
तुम्हारे कारण? तुम्हारी माँ को शायद...

अनामिका
(सुखी-सी हँसी हँसती है।) हुँ...ह...ह। मेरी माँ... सोसाइटी और पार्टियों के लिए बेटी का दुख स्वीकारने को तैयार नहीं थी... पार्टियाँ उसकी लाइफ-लाइन थी।

अब पिताजी पार्टियों में कम दिखने लगे थे। वे बीमार रहते थे। डॉक्टर आता रहता था। धीरे-धीरे पार्टियाँ कम हो गईं। मेहमान भी बहुत बदल गए थे। उस अंकल का आना-जाना भी बढ़ गया था।

घर में पार्टी हो या न हो, मैं जब भी उस अंकल को देखती, मुझे उबकाई-सी आने लगती थी।

और एक दिन मेरे पिताजी ने मुझे बुलाया। मैं डरते-डरते उनके कमरे में गई। उन्हें देख कर मैं आश्चर्य से सन्न रह गई। कमजोर तो वे बहुत दिनों से थे पर उस दिन मैं जैसे एक नरकंकाल को देख रही थी।

चेहरे पर झुर्रियाँ ही झुर्रियाँ दिख रही थीं। सिर के बाल पहले ही कम थे अब तो थे ही नहीं। अपने पास बुला कर उन्होंने कहा कि उनको कैंसर है।...

मैंने सुना पर मुझ पर कोई असर नहीं हुआ। मैं मूर्तिवत उनके सामने खड़ी रही।

अनामिका के पिता की आवाज- मुझे तुम्हारी चिंता है, अनामिका। मैं अब ज्यादा दिन नहीं बचूँगा।

अनामिका

वे हमेशा मुझे मेरे पूरे नाम से ही बुलाते थे। वे भी और माँ भी। कभी-कभी उन दोनों का मुझे मेरे पूरे नाम से बुलाना बड़ा औपचारिक लगता था।... ठंडा औपचारिक, अपनत्व की कमी वाला।

बोलने में उनको कष्ट हो रहा था। उस समय मैं सोच रही थी कि मेरे बाप ने मेरी सुध ली भी तो कब, जब वे मरने वाले थे।...

मैं तुमको यह सब इसलिए बता रही हूँ कि तुम जानने के लिए उत्सुक थे। तुम जान लो मैं किस सीमा तक कठोर हो चुकी थी। मेरा बाप मरणासन्न था पर मेरे कान में जूँ तक नहीं रेंग रही थी।

अनामिका के पिता की आवाज -कैंसर का लास्ट स्टेज है। महीने-दो महीने बस... मैंने तुम्हारे लिए पूरा बंदोबस्त कर दिया है। तुम्हें रहने-खाने और पैसों की कभी चिंता नहीं करनी पड़ेगी। तुम्हारी माँ तुम्हें सब समझा देगी। मेरा फंड मैनेजर भी तुमसे मिलेगा। अब तुम बड़ी हो गई हो। सँभाल लोगी...

अब तुम बड़ी हो गई हो, सँभाल लोगी - कथन तीन बार प्रतिध्वनित होता है।

अनामिका

कहा था, अब तुम बड़ी हो गई हो... सँभाल लोगी। ये शब्द मेरे मस्तिष्क में गूँजते रहे। क्या सँभालती! कुछ भी सँभालने के लिए न तो मेरे पास ज्ञान था, न योग्यता थी, न ही कोई अनुभव...

मेरा दिन तो स्कूल में ऊँघते हुए बीतता था। मेरी शामें पलंग के नीचे। और भी अनेक यत्न करने पड़ते थे अपने को अंकल से दूर रखने के लिए। मैं घर में ही रहती थी पर न माँ को दिखती थी न बाप को। अब कहा जा रहा था कि तुम बड़ी हो गई हो। बड़ी तो मैं पहले ही हो गई थी बस घर और बाहर दोनों जगह मिसफिट थी। जीने का तरीका किसी ने भी नहीं सिखाया। अपने बाप पर, जो मरणासन्न था, न तो मेरी करुणा उपजी और न ही सहानुभूति।

और फिर उनका स्वर्गवास हो गया। तब मुझे अपनी स्थिति का भान हुआ। माँ के पास मेरे लिए समय नहीं था। समय तो पिता जी के पास भी नहीं था पर वे घर के कर्ता थे। यह तो मैं नहीं कहूँगी कि मैं शोक में डूब

गई थी। नियति के थपेड़ों ने मुझे भाव-शून्य बना दिया था। पर जब पिता जी गए तो मुझे लगा कि मैं एकदम असुरक्षित और निर्वस्त्र हो गई हूँ। अब मेरा क्या होगा...

मैं खूब रोई थी। इसलिए नहीं कि मेरा बाप मर गया था। इसलिए कि मुझे अपने ही ऊपर दया आ रही थी कि अब मेरा क्या होगा?

प्रकाश तेज होता है।

कार्तिक
अनामिका तुम ठीक हो तो? बाकी की कहानी बाद में सुना देना।

अनामिका
अभी सुन लो। बाद में मुझसे शायद न हो पाए। जो मैं पीछे छोड़ आई हूँ, उनकी पुनरावृत्ति कोई सुखद अनुभव नहीं है।

कार्तिक
मैं तुम्हारे बारे में सोच कर कह रहा था।

अनामिका
मैं ठीक हूँ। हाँ तुम अपनी कहो। तुम एक व्यवस्थित और आरामदायक जीवन जीने वाले प्राणी हो, कहीं मेरे दुख की आँच से झुलस न जाओ।

कार्तिक
इतना सुकुमार भी नहीं हूँ। आगे बढ़ाओ अपनी आप-बीती।

प्रकाश धीमा होता है। अनामिका पर स्पॉट।

अनामिका

जब पिता जी की मृत्यु हुई उस समय मैं मात्र 19 वर्ष की थी। माँ से सहारे की आशा नहीं थी। मैं स्वयं को एकदम अकेली महसूस कर रही थी। दुनियादारी से एकदम अनभिज्ञ थी। दुख, डर और असमंजस की स्थिति में खाना-पीना भूल कर रोती रही। रोती रही।... रोने से मेरा गला बैठा जा रहा था। मेरी पसलियों में दर्द होने लगा था... साँस लेना दूभर हो रहा था। मेरे मन में कहीं यह भाव भी दबा था कि रो क्यों रही हो अनामिका, रोने से कुछ सुधरने वाला नहीं है।

मेरे पिता जी। मेरा बाप। उसने कभी प्यार से नहीं बुलाया मुझे। शायद उसे ऐसे करना आता ही नहीं था। पर जैसा भी था, था तो मेरा बाप। पर भगवान न करे किसी को, किसी लड़की को मेरी स्थिति से गुजरना पड़े।...

मैं इसलिए भी रो रही थी कि भविष्य एक बहुत डरावाना और अंधकारमय गर्त लग रहा था। मैं कैसा महसूस कर रही थी, यह व्यक्त करने के लिए मेरे पास शब्द नहीं हैं। शायद मैं आँसुओं से, अपने बचपन, अपने लड़कपन के अनुभवों को धो देना चाहती थी।

मुझे उस तरह रोते देख कर माँ मेरे पास आई। शायद उसका ममत्व जग गया हो। निर्लिप्तता से वह जितना ही दूर भागना चाहती हो, आखिर थी तो मेरी माँ। मेरा हाथ पकड़ कर मुझे बैठक में ले गई। मुझे सोफे में पटका और सामने वाले सोफे में खुद बैठ गई। वह मुझे इस तरह देखने लगी जैसे वहाँ पर मैं बैठी नहीं थी बल्कि कोई अनदेखी, अभूतपूर्व चीज रखी हुई हो!

उसका चेहरा थका हुआ था। आँखों का काजल फैला हुआ था। उसने मुझसे कहा था... उसकी आवाज लगता था दूर से आ रही थी...

अनामिका की माँ की आवाज- अनामिका इस तरह क्यों रो रही हो? अपने को सँभालो। तुम्हारे सामने लंबा जीवन है। रोने से कुछ होना-जाना नहीं है। संतोष करो कि तुम्हारे पिता जी तुम्हारे लिए बहुत अच्छा बंदोबस्त करके गए हैं। तुम अपने भविष्य की चिंता मत करो। तुम्हारा भविष्य एकदम सिक्योर है। अब तुम अपने को सँभालो। तुम्हारे पिता तुम्हारे नाम जो प्रॉपर्टी छोड़ गए हैं उसे सँभालो। हल्लो, सुन रही हो न तुम, अपनी प्रॉपर्टी सँभालो और अपना ख्याल रखो अनामिका।

इतना कहकर वह उठ कर चल दी पर क्या सोच कर वापस आई और कहा...

अनामिका की माँ की आवाज- और ध्यान से सुनो... अब मैं तुमसे अलग होती हूँ। मैंने दूसरी शादी कर ली है। तुम्हारे अंकल से।

अनामिका
मैं सकते में आ गई। मैं सकते में ही थी जब माँ ने पिता की मेरे नाम की हुई संपत्ति मुझे सौंपी और वह उसी अंकल के साथ चली गई।

कार्तिक
मानसिक प्रताड़ना को झेलता बचपन... जवान होते ही बाप का गुजरना... माँ का उसी व्यक्ति से शादी करना, जिसने तुम्हारे साथ.... अनामिका...

अनामिका
(सुखी-सी हँसी हँसती है।) हुँ...ह...ह। (फिर जोर से हँसने लगती है।)

कार्तिक

तुम ठीक तो हो?

अनामिका

जाते-जाते माँ ने एक और बात बताई थी...

> **अनामिका की माँ की आवाज- अब रोना-धोना बंद करो। वैसे भी जिसके लिए इतना रो रही हो वह तुम्हारे असली पिता नहीं थे। तुम्हारे असली पिता हिमाचल में रहते हैं। उसने मुझसे कहा था कि तुम्हें कभी न बताऊँ... मैं बताती भी नहीं पर अब स्थिति बदल गई है।**

अनामिका

मेरी दुनिया जो पहले ही टूट रही थी... अब एकदम बिखर गई।...

कार्तिक

ओह माइ गॉड! बहुत झेला है तुमने अनामिका। सुन के ही मेरे बदन में सिहरन हो रही है। रोंगटे खड़े हो रहे हैं।

अनामिका

मैंने तो पहले ही कहा था। तुम्हीं सुनना चाहते थे।

> **विराम।**

कार्तिक

अब तो सँभल गई हो। अपने अंदर ही अंदर घुटने की क्या आवश्यकता? बाहर की ओर देखो। दुनिया उतनी भी बुरी नहीं है।

अनामिका

हो सकता है। मेरी दुनिया तो ऐसे बिखर गई है कि बटोरी नहीं जाती।... तुम क्या समझते हो, मैंने बटोरने के प्रयत्न नहीं किए! मैंने बहुत प्रयत्न किए, कार्तिक। बहुत प्रयत्न किए। लेकिन वे घटनाएँ नहीं भूलतीं। मेरे मानस में लगे घाव नहीं भरते। जी रही हूँ इसलिए कि मर नहीं सकती। आधी-आधी रात में नींद खुल जाती है। लगता है मैं अभी भी उसी पलंग के नीचे हूँ और ऊपर से हुमच-हुमच की आवाजें आ रही हैं।

कार्तिक

तुम्हारी इच्छा नहीं हुई अपने जैविक पिता से मिलने की?

अनामिका

मैं गई थी हिमाचल। उस आदमी को खोजने जिसकी परछाई भी मुझ पर नहीं पड़ी थी। जो मेरा कभी था ही नहीं। कई प्रश्न थे... जीवन इतना उलझ गया था कि जीना मुश्किल हो रहा था। मानसिक संतुलन के लिए उससे मिलना जरूरी हो गया था। हाँ मैं गई थी हिमाचल।...

वहाँ पहाड़ की शीतल हवाएँ मेरे अंदर की आग को और भड़का रही थीं। वह मिला मुझसे। मुझे लेने बस अड्डे आया था। एक गेस्टहाउस में मेरे रहने का बहुत अच्छा इंतजाम किया था उसने।
क्या बात करती उससे? वह भी क्या बात करता?

बस कुछ औपचारिक बातें ही हुईं। वह मुझसे आँखें चुरा रहा था। सीधे मेरी ओर नहीं देख रहा था। मैं सोचने लगी, बेकार ही आई। कुछ नहीं सुलझने वाला इस मुलाकात से। उसके होने न होने से मुझे क्या अंतर पड़ता है। यह व्यक्ति भी अपने दायित्व से मुँह चुराने वाला सुविधाभोगी निकला। अपनी सुविधा के लिए इसने मुझे त्याग दिया था। यह मेरा

बाप है तो नहीं चाहिए मुझे मेरा बाप। जीवन का सामना तो मुझे करना है। बस मैंने जितनी जल्दी हो सके वापस जाने का निर्णय ले लिया। और उसे भी बता दिया। उसने भी राहत की साँस ली होगी। कैसी विडंबना है!

मुझे आश्चर्य हुआ जब अगले दिन सुबह वह गेस्टहाउस आया। उसने मेरे लिए सोने का हार खरीद रखा था, जैसे अपने न होने का मूल्य चुकाने का प्रयत्न कर रहा हो। मुझे उस हार की कोई चाह नहीं थी। मैंने फिर भी ले लिया... मना करने के लिए कुछ बोलना पड़ता, और मैं एक भी शब्द आवश्यकता से अधिक नहीं बोलना चाहती थी। शब्दों की कृपणता में ही मेरा संवाद था।

विराम।

वह बहुत मुस्कराता था। मुझे उसकी मुस्कराहट में भय और अपराध भाव दिखाई पड़ रहे थे। ऐसा मुझे लगता था। वह मुस्कराहट मुझसे मिलने की खुशी की मुस्कराहट नहीं थी। लगता था कि वह मेरे जीवन से अपनी अनुपस्थिति मिटाना चाहता है। यह सब तो मैं सोच रही थी। उसे क्या लग रहा था, वह वास्तव में क्या सोच रहा था, मुझे नहीं मालूम। जो भी हो मैंने उसे बता दिया कि मैं कल वापस जा रही हूँ।

उसने मुझे अपने घर चलने के लिए कहा। मैं मना करने वाली थी, पर जब मैंने उसका मुँह देखा तो अपना इरादा बदल दिया। गैर लगते अपनों के बीच जीवन बीता था मेरा। एक और बार सही। मेरा गैर लगता हुआ अपना बाप।

वह मुझे अपने घर ले गया। बड़ा घर था। सुरुचिपूर्ण सजावट थी। वहाँ उसने कुछ फोटोग्राफ दिखाए।

एक पत्नी थी। दो बच्चे थे... एक लड़का और एक लड़की... लगभग मेरी उम्र के। एक बड़े फ्रेम में चेन्नई के एक घर के सामने का फैमिली फोटोग्राफ था।

फैमिली जो कभी मेरी थी ही नहीं। फैमिली जो कभी मेरी हो ही नहीं सकती। फैमिली, मेरी कोई फैमिली नहीं।

नौकरानी चाय रखकर चली गई थी। वह अपनी चाय की प्याली में देखता रहा। मुझसे आँखें चार करने का साहस नहीं हो रहा था उसे। बिना मतलब चाय में चम्मच हिलाते हुए उसने कहा था... परिवार चेन्नई में है। उनको भनक भी नहीं लगनी चाहिए। वे समझेंगे नहीं। फिर भर्राए गले से उसने कहा था... तुम्हें जब भी मेरी आवश्यकता हो मैं हूँ... रहूँगा।

मैंने हामी में सिर हिला दिया... मैं समझ रही हूँ...

मैंने हामी में सिर हिला दिया... तुम मेरे लिए रहोगे...

मैंने हामी में सिर हिला दिया... मैं तुम्हारे फैमिली फोटोग्राफ में नहीं आ सकती।

मैं समझ रही हूँ, मेरे लिए बाप एक ऐसा गर्त है जो पाटा नहीं जा सकता।

मेरे दो बाप थे, पर मैं किसी की नहीं थी।

घर गाड़ी पैसा सब है पर जीवन खाली है।

जब भी सूनापन खाने को दौड़ता है, मैं आज भी पलंग के नीचे छिप जाती हूँ जहाँ मेरी उबकाई की गंध मेरे मस्तिष्क में बसी है। कोई मेरे पीछे नहीं पड़ा है... मैं अपने आप से ही डर जाती हूँ।

मेरा नाम ही अनामिका है... बिना नाम वाली।

अनामिका-मुद्रा में बैठती है।

यही थी मेरी कहानी कार्तिक। अपने बारे में इतना बताने के बाद अब यह आवश्यक हो गया है कि मैं तुमसे फिर कभी न मिलूँ, मेरे मानसिक संतुलन, मेरे आत्म-सम्मान के लिए। मैं तुम्हें तुम्हारा वचन याद दिलाती हूँ।

कार्तिक

वचन याद है मुझे। बस एक-दो सवाल हैं।

अनामिका

(व्यंग्यात्मक हँसी) हुँह। सवाल तो रहेंगे। इतने उलझे जीवन में सवाल ही तो रह गए हैं। पूछो पर मैं उत्तर देने के लिए बाध्य नहीं हूँ।

कार्तिक

तुम्हारी माँ ने तुमसे फिर संपर्क नहीं किया?

अनामिका

नहीं किसी ने मुझसे संपर्क नहीं किया। न मेरी माँ ने, न मेरे तथाकथित बाप ने। माँ नैरोबी चली गई थी। बाप पता नहीं कहाँ है। डरपोक साला।

कार्तिक

गाली मत दो, अनामिका। तुम्हें शोभा नहीं देता इस तरह किसी व्यक्ति को गाली देना, जिसको तुम जानती भी नहीं हो।

अनामिका

तुम भी कार्तिक, मुझे उपदेश मत दो। तुम्हारी जिद पर ही मैंने अपने दाग, अपने घाव तुमको दिखाए हैं। मुझे न किसी के उपदेश सुनने हैं और न किसी की सहानुभूति चाहिए। इसीलिए मैंने तुमसे वचन लिया था कि आज के बाद फिर कभी मुझसे नहीं मिलोगे।

कार्तिक

हो सकता है उसकी कोई मजबूरी रही हो।

अनामिका

थी न उसकी मजबूरी। उसका चेन्नई वाला परिवार। और सबसे बड़ी मजबूरी... वह डरपोक था।

कार्तिक

शायद अपने लिए नहीं, अपने परिवार के लिए डरता हो। जिस तरह तुम टूटी हो कहीं वे भी न टूट जायें।

अनामिका

अक्सर लोग जजमेंटल होते हैं। मुझे इतनी दुनियादारी तो आती है। मैं चुपचाप और अलग-थलग रहती हूँ, इसलिए लोगों ने मेरे लिए कई विशेषण बना रखे हैं। लोग मुझे मेरे नाम से कम और विशेषणों से अधिक जानते हैं। इससे मुझे कोई विशेष अंतर नहीं पड़ता है। पर तुम्हारी बात अलग है। तुम पहले व्यक्ति हो, जिसके सामने मैंने अपने मन की गाँठ खोली है। ऐसी कहानी लोग अपने ढंग से आत्मसात करते हैं। मुझे तुमसे न तो कोई उपदेश चाहिए और न ही मेरे दुःखों का विश्लेषण।

अनामिका उठ कर जाने लगती है। कार्तिक उसको जाने से रोकने के लिए उसकी कलाई पकड़ लेता है। अनामिका के चेहरे पर आश्चर्य के भाव। इससे पहले कि अनामिका कुछ बोले कार्तिक उसे बैठने का इशारा करता है। अनामिका बैठती है।

कार्तिक
बस एक-दो मिनट और अनामिका। मैं पिछले एक महीने से तुमसे मिल रहा हूँ। मैं तुमसे मिलने ही यहाँ आया हूँ।

अनामिका उठ खड़ी होती है

जब तुम अपने पिता से मिलने हिमाचल गई थीं तुमने एक फैमिली फोटो देखी थी। तुम्हें वह चेन्नई के घर वाली फोटो याद है न...

अनामिका
हाँ...

कार्तिक
चेहरे पहचान लोगी ?

अनामिका
नहीं।

कार्तिक
फोटोवाली लड़की का नाम भी अनामिका है।

अनामिका
तुम्हें कैसे मालूम?

कार्तिक
उसकी अभी एक महीने पहले शादी हुई है।

अनामिका

तुम्हें कैसे मालूम? कौन हो तुम कार्तिक?

कार्तिक

उसी फोटोग्राफ वाला लड़का।

तुमसे मिलने के बाद, पिता जी आत्मग्लानि से जूझते रहे। फिर साहस करके उन्होंने हम सब को तुम्हारे बारे में बताया। माँ ने उनको क्षमा कर दिया। और...

और माँ ने मुझे भेजा है... जा कार्तिक, अपनी अभागी बहन को साथ ले आ।

तुम चाहो तो हमारे परिवार में आ सकती हो, अनामिका।

पटाक्षेप

सम्मान

दो शब्द

मेरा नाटक **"जो पीछे रह जाते हैं"** अभिव्यक्ति प्रकाशन, दिल्ली द्वारा वर्ष 2012 में प्रकाशित हुआ था। यह नाटक विख्यात साहित्यकार डॉ. उर्मिला शिरीष की कहानी धरोहर पर आधारित है। इसका मंचन 2007–2008 में कलायन नाट्य संस्था द्वारा मेरे ही निर्देशन में किया गया था।

जब 2024 में इसके पुनर्मंचन की माँग उठी, तब लगा कि समय के साथ इसकी प्रस्तुति को भी थोड़ा नया रूप दिया जाए। इसलिए इसके कुछ विस्तारित दृश्यों को हटाकर इसे थोड़ा संक्षिप्त और कसावट भरा बनाया गया। यही परिवर्तित रूप यहाँ **"सम्मान"** शीर्षक से प्रस्तुत है।

नाटक की भावना को दर्शकों तक पहुँचाने के लिए जिन कविताओं का सहारा लिया गया था, वे सभी सम्मान में भी यथावत रखी गई हैं।

पहली कविता जयशंकर प्रसाद जी के नाटक चंद्रगुप्त से ली गई है। "लहरों से लड़ते रहे" पंक्तियों के सृजन में प्रीति पाण्डे ने सहयोग दिया था।

नाटक की विषयवस्तु

हमारे देश में शहीदों को सम्मान देने की एक सुदृढ़ परंपरा रही है। किंतु इस परंपरा के पीछे कहीं-कहीं प्रसिद्ध नाम को भुनाने का अंतर्निहित स्वार्थ भी छिपा रहता है, और साथ ही यह भावना भी कि कहीं हम पीछे न रह जाएँ।

सम्मान-सभाओं में माता-पिता और पत्नी को मंच पर बैठाकर, आँखें चुँधिया देने वाले कैमरों के फ्लैश के बीच मालाएँ पहनाई जाती हैं, शाल भेंट की जाती हैं। किंतु शायद ही किसी के पास यह सोचने का समय होता है कि जिन्होंने अपना राजदुलारा, अपना प्रिय और परिवार का आधार खो दिया है, वे वास्तव में क्या चाहते हैं। उनके हृदय पर क्या बीत रही है।

कहीं ऐसा तो नहीं कि सम्मान और आदर की यह चादर, जो उन्हें ओढ़ाई जा रही है, उनका दम ही घोंट रही हो!

"जो पीछे रह जाते हैं" की तरह **"सम्मान"** का मंचन भी अत्यंत सफल रहा। बेंगलूरु में एक गंभीर और विचारोत्तेजक हिंदी नाटक का फुल-हाउस मंचन होना, न केवल संतोष का, बल्कि आशा का भी विषय है कि संवेदनशील रंगमंच के लिए दर्शकों का मन आज भी खुला है।

— मथुरा कलौनी
बेंगलूरु, 14 मार्च 2026

सम्मान

पात्र परिचय

मेजर संदीप	– आयु 30 वर्ष
वंदना आचार्य	– मेजर संदीप की माँ
रवीन्द्र आचार्य	– मेजर संदीप के पिता
विनीता	– मेजर संदीप की पत्नी
महिमा	– मीडियाकर्मी
विभा	– महिमा पंडित की मित्र
जगदीप (छोटू)	– मेजर संदीप का छोटा भाई

दृश्य एक

(वंदना आचार्य, रवीन्द्र आचार्य, मेजर संदीप और विनीता)

वंदना और विनीता बैठी मटर छील रही हैं। रवीन्द्र आचार्य अलग बैठे समाचार पत्र पढ़ने में व्यस्त हैं। संदीप यूनिफॉर्म पहन कर बाहर आता है।

विनीता

कहाँ जा रहे हो?

संदीप

यहाँ यूनिट में थोड़ा काम है।

विनीता
छुट्टियों में भी?

संदीप
सुनो।

विनीता
वहीं से बोलो जो बोलना है।

वंदना
जा कर सुन लो ना।

विनीता संदीप के पास जाती है।

संदीप
तुम भी चलो।

विनीता
कहाँ?

संदीप
मेरी यूनिट में और कहाँ?

विनीता
तुम्हारा दिमाग तो ठीक है? तुम जा रहे हो अपनी यूनिट में। मैं क्या करूँगी वहाँ?

संदीप

यूनिट में जाना तो बहाना है। वहाँ बस 10 मिनटों का काम है। फिर क्लब में पार्टी है। (पीने का इशारा करता है।)

विनीता

नहीं, मैं नहीं आ रही। तुम अकेले जाओ और जल्दी आ जाना। वहाँ पीने मत बैठ जाना।

संदीप

आहिस्ता बोलो। अरे यार तुमने तो सारे उत्साह पर ठंडा पानी फेर दिया।

विनीता माँ की ओर इशारा करती है।

संदीप

(वंदना को सोचता देख कर) क्या सोचने लगी माँ।

वंदना

यूँ ही, कभी-कभी मन उचाट हो जाता है।

संदीप

इतनी गुमसुम क्यों है बता न!

वंदना

तू चला जाएगा तो हम कितने अकेले हो जाएँगे।

संदीप

छोटू तो है और दीदी भी।

वंदना

वह अपने घर चली जाएगी और छोटू तो हॉस्टल का होकर रह गया है। छुट्टियों में भी उसे घर आने की सुध नहीं रहती। दोस्तों के यहाँ चला जाता है।

संदीप

फिर भी तुम अकेली नहीं हो। पापा हैं और सारा संसार तुम्हारा है माँ।

वंदना

डायलॉग मत मार। पता नहीं कहाँ-कहाँ से शब्द चुनकर बोलता है।

संदीप

माँ जब मैं वापस फौज में जाऊँगा तो तुम्हारी इस बहू को यहीं छोड़ जाऊँगा।

विनीता

क्या मतलब है तुम्हारा "इस" बहू से। माँ की तो एक ही बहू है और वह मैं हूँ।

संदीप

मैं तुम्हारे बारे में ही बता रहा था।

विनीता

तो सीधे बोलो न। तुम तो ऐसे कह रहे हो जैसे माँ की कई बहुएँ हैं।

वंदना

अभी तो तुम्हारी छुट्टी पूरी नहीं हुई। अभी से जाने की बात क्यों कर रहा है?

संदीप

ओह माँ मैं छुट्टियाँ बिता कर ही जाऊँगा। मेरे कहने का मतलब था मैं जब जाऊँगा तो विनीता को यहीं छोड़ जाऊँगा।

विनीता

जैसे तुम्हारे साथ जाने के लिए हम मरे जा रहे हैं।

संदीप

माँ, मैं अभी तुम्हारा मन ठीक कर देता हूँ। एक कविता सुनो।

वंदना

नहीं सुननी है कोई कविता।

संदीप

सुनो तो सही- (ताल देता है।)

हिमाद्रि तुंग श्रृंग से प्रबुद्ध शुद्ध भारती

स्वयं प्रभा समुज्ज्वला स्वतंत्रता पुकारती

(विनीता और वंदना साथ देते हैं।)

अमर्त्य वीरपुत्र हो, दृढ़-प्रतिज्ञ सोच लो

प्रशस्त पुण्य पंथ है, बढ़े चलो, बढ़े चलो

(रवीन्द्र साथ देते हैं।)

असंख्य कीर्ति-रश्मियाँ, विकीर्ण दिव्य दाह-सी

सपूत मातृभूमि के, रुको न शूर साहसी

अरातिसैन्य सिन्धु में सुवाड़वाग्नि-से जलो

प्रवीर हो जयी बनो, बढ़े चलो, बढ़े चलो

प्रसाद की इन पंक्तियों से तुम्हीं ने मेरा परिचय करवाया था। चलो तुम्हारा मूड कुछ तो ठीक किया मैंने।

वंदना
रहने दे, रहने दे। बड़ा आया मूड ठीक करने वाला।

संदीप
(विनीता की ओर देख कर) माँ तुमको एक बात बतानी थी। (विनीता उठ कर अंदर चली जाती है।) विनीता के बारे में।

वंदना
विनीता के बारे में क्या? सीधे बोलो न, इतनी भूमिका क्यों बाँध रहे हो।

संदीप
तुम दादी बनने वाली हो।

वंदना
सच! अब समझ में आया कि तू बहू को यहाँ छोड़ कर जाने की बात क्यों कर रहा है। सीधे-सीधे क्यों नहीं कहता कि इस हालत में तुमसे उसकी ठीक से देखभाल नहीं हो पाएगी।

संदीप
(खीस निपोर कर हँसते हुए) वही तो मैं कह रहा था।

अंदर से तोपों की आवाज। विनीता बाहर आती है। स्तब्ध है।

वंदना

क्या हुआ बीनू। इस तरह क्यों खड़ी है?

विनीता

टीवी में समाचार.... कारगिल में.... घुसपैठियों ने भारी गोलाबारी आरंभ कर दी है। फुल स्केल मिलिट्री ऑपरेशन बता रहे हैं।

कमरे में स्तब्धता। फोन बजता है। मेजर संदीप सुनता है।

संदीप

यस सर। राइट सर। (रवीन्द्र आचार्य से) बुलावा आ गया है। कल सुबह ही निकल पड़ूँगा।

अँधेरा।
जब प्रकाश लौटता है तो वंदना बैठी हुई है और चुपचाप आँसू बहा रही है।
संदीप का प्रवेश। यूनीफॉर्म में है और जाने को तैयार है। वंदना चुपचाप रोती है।

रवीन्द्र आचार्य

बात-बात पर क्यों रोती हो? साधारण माँ नहीं हो तुम! एक सैनिक की माँ हो, जिसका हृदय पत्थर की तरह होना चाहिए...।

वंदना

पत्थर पर जब घन पड़ते हैं तो वह भी टूट जाता है।

संदीप

माँ, देश के लिए आगे बढ़कर उसकी रक्षा करनी है। अपने लक्ष्य को पाने के लिए कठिनाइयों को झेलना तो पड़ेगा ही। तुम्हें कमजोर नहीं पड़ना है माँ। जहाँ शरीर नहीं होता वहाँ आत्मा होती है, अंर्तशक्ति होती है।

वंदना

ऐसे क्यों बोल रहा है तू?

रवीन्द्र आचार्य

ईश्वर रक्षा करेंगे। उसकी ड्यूटी निभाने का वक्त आ गया है।

विनीता आरती का थाल लाती है। संदीप की आरती उतारती है। विनीता थाल वंदना को थमाती है और अंत में रवीन्द्र आचार्य थाल हाथ में लेते हैं।

हर पल हम तुम्हारे साथ है बेटे।

विनीता प्रकाश वृत्त में।

नेपथ्य से

तुम मेरे दिल को गर देख पाते सनम
कुछ नहीं कहते तुम और आँखें होती नम

सब तो मालूम न हो लफ्जों से, मगर
जान लो क्या कह रही है मेरी नजर

तुम नहीं तो कुछ भी नहीं है हम
तुम सलामत रहो, तुम्हें मेरी कसम

अंधकार।
तोपों की आवाजें। घर के मंदिर में दीया जल रहा है। मंच के अग्रभाग में, झिलमिल प्रकाश में जवान तिरंगे में लिपटे शव ले जाते हैं, एक के बाद एक। एक के बाद एक।

विनीता
माँ!

वंदना
क्या है बेटे?

विनीता
सुधांशु लापता हैं। अपनी युनिट में नहीं लौटे हैं।

रवीन्द्र आचार्य
सुधांशु। हे ईश्वर!

विनीता
पापा, सुधांशु संदीप की यूनिट में थे। सेक्टर के-21 में।

वंदना
परमात्मा! रक्षा करना उस एक गोली से जो प्राणों को ले लेती है... दुश्मन के हाथों उसकी देह को अपवित्र मत होने देना...

बंदूक और तोपों की आवाजें।

प्रभु! उसे शक्ति देना। उसे विजयी बनाना।

रवीन्द्र आचार्य

वंदना तुम कई रातों से सोई नहीं हो। पीठ सीधी कर लो। कुछ देर सो जाओ।

वंदना

लगता है जागती रहूँगी तो सब ठीक-ठाक रहेगा सीमाओं पर। पलकें बंद हुई तो पता नहीं कौन सा दृश्य आ खड़ा होगा।

तोपों की गर्जना बढ़ जाती है। मंदिर में दीया बुझ जाता है।

नेपथ्य से

सेक्टर K-21 में भारतीय सेना ने निर्णयात्मक विजय पाई है। अत्यंत दुख के साथ सूचना दी जा रही है कि मेजर संदीप आचार्य ने इस विजय में अपने प्राण निछावर कर दिए। देश के वीर सपूत मेजर संदीप... यह वही स्थल है जहाँ मेजर संदीप लड़े थे... शहीद हुए। पूरा देश शोकमग्न है। हम उनके बलिदान को कभी न भूल पाएँगे।

वंदना

(चीत्कार करती है।) यह टीवी में क्या आ रहा है? यह नहीं हो सकता है। यह चेहरा मेरे बेटे का है।

फेड आउट।

नेपथ्य से

पर्वतों की मेखला, नदियों का कल-कल निनाद

शस्यश्यामल धरा, यह मरुभूमि, वन - उपवन

पूर्वजों का भरतखण्ड,उदधि पखारे चरण
मुनियों की तपोभूमि, स्वर्गोत्तर हमारी जन्मभूमि

न हो यह पद-दलित, करें शत्रुओं का संहार
अर्पित कर जीवन धन, पहनाएँ इसे अरिमुंड हार
स्व को करें स्वाहा, समिधा हो तनमनधन
यह हमारी मातृभूमि, स्वर्गोत्तर हमारी जन्मभूमि

दृश्य दो

(विभा और महिमा पंडित)

विभा का घर।
दरवाजे पर घंटी। महिमा का प्रवेश।

विभा

क्यों, वहाँ नहीं गई?

महिमा पंडित

वहीं से तो आ रही हूँ।

विभा

क्या कहा उन्होंने?

महिमा

दुबारा आने के लिए बोला है। उनकी तबियत ठीक नहीं है शायद।

विभा

(साँस छोड़ती है।) जवान बेटे की भरी जवानी में मृत्यु हो जाए तो तबियत कहाँ से ठीक रहेगी।

महिमा

वहाँ सब उदास और उजड़ा-उजड़ा सा था।

विभा

जहाँ जीवन नहीं होता वहाँ का वातावरण और कैसा होगा! तो क्या तुम मृत्यु का उत्सव देखने की आकांक्षा लेकर गई थी! क्या सोच रही थी

महिमा पंडित, कि मृत्यु के बाद वहाँ लोग खुश होंगे... हँस रहे होंगे! संतुष्ट होंगे!

तुमने वीरता और बलिदान के हैरतअंगेज दृश्य तथा घटनाएँ देखीं, यह नहीं देखा कि उन पर क्या बीतती है जो पीछे रह जाते हैं। उनके भिंचे हुए जबड़े, रुलाई के वेग में खिंची हुई चेहरे की मांसपेशियाँ, और शोक के समुद्र में डूबी आँखें। मैंने तो टीवी में ही नहीं, प्रत्यक्ष देखा है महिमा। प्रत्यक्ष, अपनी आँखों के सामने। देखकर मन थर्रा जाता है।

क्यों इन लोगों की अनकही मनोव्यथा कुरेदने जा रही है। क्यों उनके जीवन में झाँकने की कोशिश कर रही है। जानती हो न पपड़ाए हुए जख्म को जरा-सा कुरेदने पर रक्त बह सकता है।

महिमा
क्योंकि मैं सच्ची हमदर्दी जताना चाहती हूँ।

विभा
बस इतनी ही! उनको सम्मान दे कर क्या तुम्हारी संस्था का नाम नहीं होगा? उनको अपने साथ ले जा कर क्या संस्था में तुम्हारी साख नहीं बढ़ जाएगी!

महिमा
बढ़ेगी। पर यह भी सच है कि मैं उनको भावनात्मक स्तर पर जानना चाहती हूँ! वे शिखर पुरुष के जन्मदाता हैं। सच्ची हमदर्दी जताने के वास्ते... और शायद इसलिए भी कि संस्था में मेरी साख बढ़ जाएगी!

विराम।

अब तक जो कुछ भी टीवी पर देखा था या पत्र-पत्रिकाओं में पढ़ा था, वह सब मेरे मन-मस्तिष्क में छाया हुआ था। कई बार तो विश्वास ही नहीं

होता था कि वह जो वहाँ हैं.... लड़ रहे हैं... मर रहे हैं, हम में से ही कोई हैं... हमारी ही तरह इंसान हैं। मैं चेतन-अवचेतन में उन्हीं के साथ जीती थी। उन्हीं के बारे में सोचती थी। शौर्य तथा बलिदान की घटनाएँ देखकर पूरे शरीर के स्नायु तनावग्रस्त हो जाते थे। हृदय श्रद्धा तथा सहानुभूति की भावनाओं से छलछला जाता था। देशभक्ति के तमाम गीत, किस्से कहानियां... पात्र तथा घटनाएं.... जीवंत हो उठे थे।

मुझे गर्व हो रहा है कि हमारी संस्था ऐसे ही एक महान परिवार का सम्मान करना चाहती है। और मेरा सौभाग्य है कि हमारी संस्था ने मुझे भेजा है उन्हें आमंत्रित करने के लिए।

वे मान जाएँगे न? कहीं उन्होंने मना कर दिया तो? हमारी तो पूरी तैयारी हो चुकी है। प्लीज विभा, तुम्हारे ही हाथों में है।

विभा
बहुत सरल लोग हैं। मान जाएँगे।

महिमा
माता-पिता न आ पाएँ तो कोई बात नहीं। केवल बहू ही आ जाए।

विभा
नहीं। माता-पिता ने अपना बेटा खोया है। उन्हें खास तौर पर आमंत्रित करना। उनके दुख का वर्णन नहीं किया जा सकता। तुमने उनके घर के सामने का बगीचा देखा होगा। कभी हरा-भरा तथा खिला-फूला था, अब जगह-जगह पीली व सूखी पत्तियों से भरा हुआ है। परिवार के सदस्यों की उदासीनता तथा विराग दृष्टि का प्रतीक दिखाई देता है।

महिमा
अगर उन्होंने मना कर दिया तो संस्था में मेरी बड़ी बेइज्जती हो जाएगी। विभाग को भी क्या लिखकर भेजूँगी कि क्यों इन लोगों का सम्मान नहीं किया जा सका। तू भी साथ चलती तो अच्छा होता।

विभा
मैं फोन कर देती हूँ। तू व्यर्थ चिंता मत कर।

प्रकाश धीमा हो कर लुप्त हो जाता है।

दृश्य तीन

(विनीता, वंदना, रवीन्द्र आचार्य और महिमा)

प्रकाश के दायरे में विनीता लेटी हुई करवटें बदल रही है।

नेपथ्य से

यादों को कागज के पन्नों में लिखते हैं हम
बन कर आँसू, सपने दे जाते हैं गम
ये अकेलापन, एक खालीपन सुगबुगाता है
तुम बिन अब नजर कुछ नहीं आता है
एक निशाँ तुमने कमाया, लाली एक बेरंग कर
जाँ पर अपनी खेल कर सरहदों की माँग भर
उस निशाँ उस मिसाल का हम
कफन लपेटे रह गए
लहरों से लड़ते रहे, हम जो पीछे रह गए

वंदना

(अंदर से) बहू।

विनीता उठ कर जाती है।
प्रकाश पूरे कमरे में फैलता है। वंदना और रवीन्द्र बैठे हुए हैं।
कोने की मेज पर मेजर संदीप की बड़ी तस्वीर है।

वंदना

लंबा, भरा, गठीला शरीर। कैसा दमकता रंग था उसका। जब धूप में खेल कर आता तो सूरज की तरह तपता था उसका चेहरा! सब कहते थे, हीरो बनेगा वह तो। हाँ, वह हीरो ही तो बना। हीरो बन कर ही तो चला गया।

रवीन्द्र आचार्य

हाँ, देश का हीरो। युद्धवीरों का हीरो। उन दुर्गम पहाड़ियों का हीरो। डरना तो सीखा ही नहीं था। जब बहुत छोटा था तो कितनी शैतानियाँ करता था। एक बार मैंने उससे कहा था कि शैतानी करेगा तो उसे भूत उठा कर ले जाएँगे।

वंदना

हाँ याद है मुझे। वह मुझसे बोतल माँग कर ले गया था। कहता था भूत को बोतल में बंद करेगा।

रवीन्द्र आचार्य

उसने तो अपने भूत बोतल में बंद कर दिए थे। अब जो भूत हमें डराते हैं उन्हें कौन बोतल में बंद करेगा!

वंदना

उन्हें अब कौन बंद करेगा। अब तो उन्हीं के संग जीना है। अपने भूतों, अपनी रिक्तता से तो निपट भी लें, नहीं निपटा जाता तो इस नारेबाजी से, इस दिखावे से। तूफान-सा आ गया है। प्रेस, कैमरामैन, संवाददाता, टीवी, संस्था, सम्मान! इन सबके बीच मेरा बेटा खो गया है। नहीं चाहिए यह सब... नहीं चाहिए... नहीं चाहिए।

रवीन्द्र उठ कर वंदना के पास जाता है। उसकी पीठ थपथपा कर उसको शांत करता है। फिर अंदर जाने लगता है। जाते-जाते रुकता है।

रवीन्द्र आचार्य
हमारे न चाहने से क्या होता है। हमें तो इसी तूफान के बीच जीना है। झंझावात में खड़े वृक्ष की तरह।

जाता है।
घंटी का स्वर। एक बार... दो बार...

वंदना
कौन?

महिमा
मैं महिमा पंडित... विभा ने फोन...

वंदना
बैठो, बुलाती हूँ। (अंदर जाती है। साथ में रवीन्द्र को लेकर आती है।) इनको विभा ने भेजा है।

रवीन्द्र आचार्य
अच्छा। कहो बेटी। फिर कोई कार्यक्रम है क्या?

बगल में पड़े सोफे पर बैठते हुए। घुटने मोड़ते वक्त मुँह से हल्की सी आह निकलती है।

महिमा

हमारी संस्था आप लोगों का सम्मान करना चाहती है। यह हमारे लिए बड़े गौरव कि बात है कि हम आप के परिवार का सम्मान करें।

रवीन्द्र आचार्य तीक्ष्ण दृष्टि से देखते हैं।

व्यक्तिगत रूप से भी मैं आप लोगों के दर्शन करना चाहती थी...

रवीन्द्र आचार्य

माफ करना बेटी, मेरा स्वास्थ्य ठीक नहीं है। मेरी हालत तो तुम देख ही रही हो।

महिमा

जी आपको अधिक कष्ट नहीं होगा। ले जाने-लाने की व्यवस्था हमारी होगी। हालाँकि युद्ध तो समाप्त हो चुका है मगर... युद्ध में शहीद हुए या युद्ध में शामिल वीर जवानों तथा उनके परिवार जनों को सम्मान करने का हमारा संकल्प है।

रवीन्द्र आचार्य

युद्ध सीमा पर समाप्त हो गया है, जीवन में नहीं। असली युद्ध तो समाप्ति पर शुरू होता है, जहाँ शहीदों के परिवार अपने बेटों या भाइयों को खोकर अकेले हो जाते हैं। और... वह जो अपंग हो गए हैं... उस जीवन की त्रासदी को जीना किसी युद्ध से कम कष्टदायी होता है क्या...

महिमा

जी...

रवीन्द्र आचार्य

जरूरी तो नहीं है कि हर कोई सम्मान करे। बल्कि हो सके तो हर किसी को युद्ध की विभीषिका एवं उसके कारणों को समझने का प्रयास करना चाहिए ताकि आने वाली पीढ़ी तो सुरक्षित रह सके। सम्मान करना ही है तो उन लोगों का करें जो इस दिशा में काम कर रहे हों।

महिमा

जी... आप उस वीर योद्धा के जनक हैं जिसके ऊपर सारे राष्ट्र को अभिमान है। हम सबको गर्व है। उसी महान त्याग का स्मरण दिलाने के लिए यह कार्यक्रम किए जाते हैं। बल्कि मैं तो अपने साथ फोटोग्राफर को लाने वाली थी ताकि आप लोगों के साथ फोटो निकलवा कर रख सकूँ। हमारी आने वाली पीढ़ियों के लिए धरोहर होंगी यह स्मृतियाँ। यह तस्वीरें। उनके लिए कितने आश्चर्य की बात होगी कि उन दुर्गम चोटियों पर चढ़कर हमारे जवानों ने युद्ध लड़ा था, विजय प्राप्त की थी।

रवीन्द्र आचार्य

(एकदम तैश में आकर) बस, बस। हो गया सम्मान, हो गई प्रशंसा। तस्वीरों को धरोहर मानती हो। मगर युद्ध के उन्माद को क्या कहोगी जो अपनी शक्ति तथा साम्राज्य विस्तार की ऊँची महत्वाकांक्षा को पूरा करने के लिए मासूम लोगों को तहस-नहस कर देती है। युद्ध में उतरे सैनिकों के परिवार बर्बाद हो जाते हैं। उनकी बहू-बटियाँ जवानी में विधवा हो जाती हैं! बच्चे-बूढ़े अनाथ हो जाते हैं।

जिन्हें हम व्यक्ति रूप से जानते तक नहीं उनके प्राणों के प्यासे हो जाते हैं। जिन पैसों से राष्ट्र को समृद्धि की ओर विकसित होना चाहिए उसी को उड़ा देते हैं, बारूद के धुएँ में। आज इंसान को युद्ध नहीं, जीने के साधन चाहिए। पता नहीं क्यों बन जाते हैं हम बर्बाद लोगों के हाथों की कठपुतलियाँ। आप लोग जिस भावना और शब्दों को लेकर चल रहे हैं, वह कल तक रहेंगे क्या?

बेटी, देश को इम्पलसिव पेट्रियाटिक फीलिंग नहीं, एक दृढ़ संकल्प की आवश्यकता है।

महिमा

आप गलत समझ रहे हैं सर, असल में...

रवीन्द्र आचार्य

मैं क्या गलत समझ रहा हूँ, जो देखा है वही बता रहा हूँ। सम्मान और सहयोग के नाम पर ले जाकर बैठा देते हैं और बुलाते हैं सम्मानित करने के लिए उन्हें, जिनसे आपकी संस्था को लाभ मिलना होता है। व्यक्तिगत स्वार्थ तथा लाभ की भावना वहाँ भी नहीं छूटती। कहाँ से होगा देश का भला। लाइन लग गई थी सम्मानित करने वालों की। बसों तथा ट्रेनों तक में लोग शहीदों के नाम पर पैसे माँग रहे थे। किसी ने सोचा कि इन सबके पीछे हमारे दिल पर क्या गुजरती होगी? हमने तो अपना फर्ज समझा, और आप लोगों ने? वास्तविक चिंताओं से दूर आप बलिदान और देशभक्ति के शब्द आलापे जा रहे हैं।

महिमा

हरेक के दिल में सच्ची भावना है आप लोगों के प्रति, इतनी श्रद्धा, इतनी सहानुभूति कि....

रवीन्द्र आचार्य

पहले मैं भी यही सोचा करता था कि मातृभूमि के लिए प्राण न्यौछावर करने का सौभाग्य कितनों को मिलता है। पर अब लगता है सैनिक तो हँसते-हँसते कुर्बान हो जाते हैं, पीछे छूट जाती है गहन विभीषिका। जवान बेटे का जाना परिवार के लिए पल-पल मौत से लड़ना होता है। मृत्यु को प्राप्त इंसान सबसे मुक्त हो जाता है, मगर उसके पीछे जो रहते

हैं उनकी वेदना को महसूस करना कितना असहनीय होता है। गौरव गाथाएँ सुनकर अभिभूत होना और बात है लेकिन यहाँ झेलना (अपने हृदय पर कांपता हुआ हाथ रख कर) मौत से भी ज्यादा दुःखदायी होता है। और उस दुःख को हम जी रहे हैं। क्योंकि हमारे लिए यही अंतिम सत्य है। आप लोग शब्दों के शानदार महल खड़े करते हैं जिसका सच्चाई से कोई लेनादेना नहीं। सच्चाई तो कहीं दफ्न हो जाती है। शब्दों के आभामण्डल में खो जाती है। लेकिन अब हम नहीं चाहते कि इसे कोई तमाशा बनाए। संभव हो तो यह सब छोड़कर कुछ और करिए। हमें चैन से रहने दीजिये। बार-बार वही खोखली बातें सुनने की शक्ति हम में नहीं रही। आश्चर्य कि किसी की बातों में चिंतन या भविष्य को समझने की कोई दृष्टि दिखाई नहीं देती। आप लोग उसे शब्दों में जीते हैं लेकिन हमें तो अपनी अंतरात्मा में जीना है।

विनीता का प्रवेश

विनीता

कब होगा इन आयोजनों का सिलसिला समाप्त! बैठा देते हैं मंच पर। सब जगह वही बातें दोहराई जाती हैं। और लोग उन्हें कम, स्वयं को ज्यादा दिखाते हैं। कई बार तो लगता है कि लोग उनके आत्म बलिदान का नहीं बल्कि मृत्यु का उत्सव मना रहे हैं। कितनी पीड़ा होती है सुन-सुन कर। बैठे-बैठे कितनी तीव्रता के साथ काँपती रहती हैं स्मृतियाँ। वे तो चले गए छाती पर गोली खाकर। उसकी पुनरावृत्ति कर जो ये लोग हमारी छाती में शब्दों की गोली चलाते है... न जीते बनता है और न मरते। जैसे हम इंसान ही न हों... हमारे भीतर आँच न हो... भावनाएँ न हों... क्रन्दन का स्फुरण न हो...

बिखरती है।

रवीन्द्र आचार्य

बहू!

वंदना

बीनू...

दोनों विनीता को सहारा देते हैं।

महिमा

(काँपती लरजती आवाज में) माफ कीजिए। मैं आपका मन नहीं दुखाना चाहती थी लेकिन...।

रवीन्द्र आचार्य

लेकिन आप भी क्या कर सकती हैं। आपको भी तो रस्म अदायगी के लिए भेजा गया है। यह विडम्बना ही तो है कि यहाँ हर विचारधारा तथा महापुरुष का अवदान रस्म अदायगी के रूप में स्मरण किया जाता है। हमारा आचरण गिरगिट की तरह रंग बदलने वाला हो गया है।

आप खुश होंगी कि आपने हमें बुला लिया है। संस्था खुश होगी कि उसने एक शहीद के परिवार को सम्मानित किया है और दर्शकों को लगेगा कि उन्होंने एक वीर जवान के माँ-बाप को प्रत्यक्ष देखा है। सरकार खुश होगी कि उसने अपना दायित्व निभाया है। पर क्या यह सब सिनेमा हॉल में बिताये गए समय की तरह नहीं है? तात्कालिक भावावेश में बहाने वाला। बाहर निकलते ही सारी सहानुभूति और संवेदना खत्म। क्या होता है बाद में? भूल जाते हैं सब कुछ। सिर्फ नहीं भूलते हैं तो कुछ लोग। अपंगों कि जिंदगी जीने वाले भुक्तभोगी। बिना हाथ-पाँव के जिंदा रहना है उन्हें। कोई है जो उन्हें शामिल कर ले अपने जीवन में?

हमारी तकलीफ को औपचारिकताओं में बाँधकर, किताबी शब्द रटकर हर बार जख्म खरोंच कर जाते हैं।(बोलते-बोलते वह थक जाते हैं। कठिनाई से सांस भरते हैं।) अब यह सब सहन नहीं होता...।

वंदना रवीन्द्र आचार्य को सहारा दे कर अंदर ले जाती है। महिमा घर के बाहर आ जाती हैं।

महिमा

मृत्यु चाहे युद्ध के मैदान में हो या बंद कमरे में, शब्द उसे महान पवित्र तथा गौरवान्वित क्यों न कर दें, उसका दु:ख तथा प्रभाव कम नहीं होता। आह, महानता और असाधारण साहस के भीतर छिपी साधारण माँ-बाप की स्पृहाएँ, और बेटे के प्रति वियोग की अंतहीन पीड़ा को कौन समझ सकता है! उसकी स्मृतियाँ हैं, पर वह ही नहीं है जिसके लिए सब कुछ गढ़ा गया था। जिसके साथ में सब थे। युद्धविराम के बाद संतोष एवं राहत की साँस लेकर निश्चिंत हो गए थे हम। आज इस सुलगती हुई स्थिति की आँच तक नहीं झेल पा रही जब कि वह सब इसके बीच बैठे हुए हैं... साँस ले रहे हैं। क्या पूछने जा रही थी मैं, कि बेटे के शहीद होने पर कैसा लग रहा है? नौजवानों को क्या संदेश देंगे? देश के प्रति आपकी क्या भावनाएँ हैं?

मुझे स्वयं वितृष्णा हो उठी है। कितनी क्षुद्र बातें कर रही थी उनके सामने। कितना छोटा सा उद्देश्य लेकर पहुँची थी उसके सामने। स्वयं को कितना गौरवान्वित महसूस कर रही थी उनको बुलाकर! एक संस्था की मामूली सी प्रतिनिधि बनकर जा पहुँची यह जताने के लिए कि देखो समाज और हम आपके लिए क्या सोच रहे हैं? कैसे याद कर रहे हैं! (रोती है।)

महिमा पर फेड आउट। जब प्रकाश लौटता है प्रकाश वृत्त में रवीन्द्र, वंदना और विनीता बैठे हैं

नेपथ्य से

कुछ निशाँ से छोड़ के, जाने कहाँ वो बह गए
लहरों से लड़ते रहे वो, जो पीछे रह गए
क्या सिला तेरी कुर्बानी का, हम समेटे रह गए
लहरों से लड़ते रहे वो, जो पीछे रह गए

दृश्य चार

(वंदना, रवीन्द्र आचार्य, विनीता और जगदीप)

रवीन्द्र आचार्य

बहू कैसी है।

वंदना

रात में निर्विकार, मूर्तिवत बैठी रहती है। वह कभी पलंग पर बैठी होती तो कभी किताब खोल ऊपर ताकती रहती है। कभी अनजाने ही कराहती है। जाकर पूछती हूँ तो कहती है कि मैं नहीं कराह रही थी। कभी देखती हूँ पलंग पर एकाकी तड़पती देह को। क्या होगा इसका! आयोजनों का सिलसिला जारी रहा तो... मुझे उसकी चिंता होने लगी है। उसकी ऐसी हालत है कि कहीं गर्भ को क्षति न पहुँच जाए।

रवीन्द्र आचार्य

बहू को अनुकंपा नियुक्ति मिल गई, यह अच्छा हुआ। कम से कम काम में मन लगा रहेगा। सरकारी तथा तमाम संगठनों से मिलने वाली राशि भी उसी के नाम बैंक में जमा करवा दी है। अपने पैरों पर खड़ी हो गई तो विश्वास तो रहेगा स्वयं पर।

वंदना

बहू के घरवाले कुछ ज्यादा ही आने लगे हैं। पड़ोसन मिसेस मेहरा पता नही क्यों ऐसा कह रही थी।

रवीन्द्र आचार्य

तुम्हें कहना चाहिए था कि उसकी देखभाल के लिए आते हैं। उसको लेकर वह भी तो दु:खी व चिन्तित हैं। (एक लंबी साँस भर कर) वह हमारे पास रहेगी भी?

वंदना

क्यों नहीं रहेगी। वह हमारी बहू कम बेटी से भी ज्यादा बढ़ कर है। उसका भला-बुरा अब हमारे अलावा कौन सोचेगा!

रवीन्द्र आचार्य

क्योंकि वह जवान है। सारा जीवन उसके सामने पड़ा है। पैसों से इंसान का अकेलापन नहीं बँटता। तुम तो औरत हो, माँ हो, बेहतर ढंग से सोच-समझ सकती हो।

फोन की घंटी। रवीन्द्र आचार्य फोन उठाता है।

बहू तुम्हारे भैया का फोन है।

विनीता का प्रवेश। फोन में सुनती है।

विनीता

(रिसीवर हाथ में पकड़े हुए) भैया ने दस बजे किसी आयोजन में जाने का कार्यक्रम तय किया हुआ है।

वंदना

बेटी, अब हमें किसी आयोजन में नहीं जाना चाहिए। अपनी व्यक्तिगत जिंदगी देखो। सेहत पर ध्यान देना जरूरी है।

विनीता फोन में बात करती है।

विनीता

जी। परसों भी जाना है हम लोगों को!

वंदना
मना कर दो।

विनीता
(फोन में) नहीं भैया नहीं आ पाऊँगी। हाँ पर... हूँ...

(वंदना से) भैया बोल रहे हैं कि उन लोगों ने सारी तैयारी कर ली होगी। अचानक मना कर देने से कार्यक्रम बिगड़ जाएगा।

वंदना
इस समय तुमको आराम की जरूरत है।

विनीता
(फोन में) भैया मेरी तबियत... हाँ... हूँ... नहीं... पर... इसमें हर समय दूसरों का मुँह देखने की बात कहाँ से आ गई। (फोन में सुनती रहती है।) भावुकता में आकर मैं किसको क्या दे रही हूँ!

भइया! प्लीज! हाँ... नहीं... अच्छा शाम को आ जाना। (फोन रख कर) भैया शाम को लेने आ रहे हैं। अम्माँ बुला रही है। कहती है कि थोड़ा माहौल भी बदल जाएगा। आपलोगों को भी फोन करने वाली है।

वंदना
क्यों! इस हालत में कहाँ जाओगी। बीनू, हमारे पास ही रहो बेटी, यह दुःख हम सब मिल कर ही तो सह पाएँगे।

फोन की घंटी। विनीता उठाती है।

विनीता
हलो... जी अम्माँ... मैं ठीक हूँ... अभी बुलाती हूँ। (फोन वंदना को देते हुए)... अम्माँ का फोन है।

वंदना

(फोन में) हलो... जी पर... यहाँ उसकी देखभाल में कोई कमी नहीं हो रही है... हाँ... आप लोगों की भावनाएँ मैं समझती हूँ, मगर आने वाले बच्चे का भी तो ध्यान करना पड़ेगा। हाँ पर... हमारे बेटे का अंश... खून... वही तो जीने का आसरा बनेगा। सरकारी क्वार्टर का पजेशन अभी तक तो नहीं लिया है। पेपर विनीता के पास ही हैं। जी...

फोन विनीता को पकड़ाती है।

विनीता

(फोन में) जी अम्माँ। हाँ अम्माँ।

मंच में अँधेरा। समय रात के 10 बजे।

वंदना

विश्वास ही नहीं हो रहा है। लगता है कि आत्मीयता के तार ढीले पड़ने लगे हैं। सब कुछ विनीता के ऊपर था। और वह अपनी माँ के घर चली गई। बड़े सूटकेस के साथ। सब कुछ वक्त की तरह हाथ से निकला जा रहा है। लगता है अब विनीता लौटकर नहीं आएगी।

रवीन्द्र आचार्य

क्यों, ऐसा क्यों लग रहा है तुम्हें।

वंदना

सारा सामान लेकर गई है।

रवीन्द्र आचार्य
सामान ले जाने से क्या होता है? हमारे बेटे का अंश उसके भीतर है।

विराम।

अच्छा हो हमीं लोग आगे बढ़कर उसके भविष्य के बारे में सोचें... कुछ करें। पूरा जीवन है सामने। इतने बड़े समाज में एक अकेली लड़की। कोई अच्छा सा लड़का...

वंदना
पागल हो गए हो क्या? बेटे ने वायदा लिया था उससे। अभी तो बच्चे के बारे में सोचो। जो मान-सम्मान और गौरव उसे मिल रहा है वह हमारे बेटे के कारण ही न। मेजर संदीप की पत्नी के रूप में। उस सम्मान का कोई मूल्य नहीं है क्या उसके जीवन में!

रवीन्द्र आचार्य
तुम किन बातों में उलझी हो वंदना! यह अभी की बातें है। आज की, इससे भी आगे जिंदगी है या नहीं? और जिंदगी सिर्फ यादों के सहारे, आयोजनों की भव्यता या नौकरी की व्यस्तता से नहीं काटी जा सकती है।

वंदना
हमारा बच्चा हमें मिल जाये... वह...

रवीन्द्र आचार्य
वह माँ है। उसकी तुम्हें जरूरत है या उसको? क्या हो गया है तुम्हें वंदना, क्या कह रही हो?

विराम।

जाओ सो जाओ।

वंदना
हूँ.. जाओ तुम भी सो जाओ।

मद्धिम प्रकाश। दोनों बैठे रहते हैं। करुण संगीत। घड़ी की टिक-टिक।

वंदना
सुबह हो गई है। 7 बज गए हैं।

रवीन्द्र आचार्य
कर लो फोन।

वंदना
(नंबर डायल करती है।) मैं बोल रही हूँ। नमस्ते। नहीं सब ठीक है। विनीता से बात करनी है। जी... जी...।

(रवीन्द्र आचार्य से) विनीता तो सो रही है। रात में थोड़ी तबियत खराब हो गई थी। कहती हैं बाद में बात करवा दूँगी। परेशान होने या घबराने की बात नहीं है। देखकर आयें क्या?

रवीन्द्र आचार्य
उसका फोन आ जाने दो।

मद्धिम प्रकाश। घड़ी की टिक-टिक फिर अँधेरा।

नेपथ्य से

तसवीर जब पलटती है
लकीर सी सिमटती है
हम याद करते है उनको
उन सपनों को
बेगाने होते अपनों को
कुछ निशाँ से छोड़ के
जाने कहाँ वो बह गए
लहरों से लड़ते रहे वो
जो पीछे रह गए

जब प्रकाश लौटता है वे उसी तरह बैठे हुए हैं।

वंदना

विनीता कौन है अपनी। बेटे की पत्नी! अपनी बहू! इस घर की वंशज! अपने पोते की माँ! कोई भी नहीं! दूसरे की बेटी! मगर उसे किस हैसियत से पूछा जा रहा है? बेटे की पत्नी के नाते न। फिर तो वह हमारी बहू है... संदीप की पत्नी। इस घर की है वह। शास्त्र झूठे नहीं हो सकते। शादी के विधि-विधानों के पीछे कोई तो गहन सोच तथा चिंतन होता है... न!

पैसों की भी जरूरत है। छोटू ने फोन किया था। सब एकाउंट तो बहू के नाम कर दिए थे।

विराम।

वह नहीं लौटेगी। उन लोगों ने उसे दूसरी ही तरह से समझा दिया होगा कि तीन-तीन लोगों की जिम्मेदारी का भार तुम क्यों उठाती हो, स्वयं के भविष्य के बारे में सोचो।

रवीन्द्र आचार्य

तुम फिर वही बातें करने लगीं। वह औरों से अलग है, और हमें भी औरों से अलग हटकर सोचना चाहिए।

वंदना

सत्य से मुँह छुपाने से क्या सत्य बदल जाएगा। जो हो रहा है उन पर आवरण मत चढ़ाओ बल्कि स्वीकारो। कल शाम की गई हुई है। उसे हमारी याद नहीं आई! हमारा संदेश नहीं मिला होगा उसे!

रवीन्द्र आचार्य

रात के आठ बज गए हैं। फोन लगाओ।

वंदना

(नंबर डायल करती है।) हलो, बीनू, बेटी, कैसी हो।

विनीता की आवाज

मैं ठीक हूँ मम्मी।

वंदना

तुम्हारी तबियत तो ठीक है? सुबह तुम्हारी अम्माँ बोल रही थीं कि...

विनीता की आवाज

थोड़ी हरारत थी। अब एकदम ठीक हूँ मम्मी।

वंदना

जल्दी आ जाओ बेटी। अकेले में जी घबरा रहा है। तुम यहाँ रहोगी तो घर भरा-भरा लगेगा। तुम्हारे जाने के बाद तो एकदम उदासी छा गई है... ड्राइवर रख लेंगे तुम्हारे लिए।

विनीता की आवाज

मम्मी, मैं कुछ दिन यहीं रहना चाहती हूँ। यहाँ मेरी देखभाल भी हो जाएगी अन्यथा आप लोगों की ही तकलीफ बढ़ जाएगी।

वंदना

नहीं बेटी, कोई तकलीफ नहीं होगी बल्कि मन लगा रहेगा।

विनीता की आवाज

मम्मी, आप लोग अपना ख्याल रखना।

वंदना

हलो...हलो। फोन काट दिया।

वहीं जमीन पर बैठ जाती है।

रवीन्द्र आचार्य

स्वयं को सँभालो वंदना। जवान बेटे की शहादत सहन कर ली तो क्या दुनियादारी से नहीं जूझ पाओगी!

वंदना

संदीप का बच्चा, हमारा बच्चा... वह भी चला जाएगा... वह भी...

रवीन्द्र आचार्य

मोह को तोड़ो वंदना अन्यथा इसी तरह तड़पती रहोगी। त्याग को आँसुओं से मत धोओ। उसका कोई मूल्य नहीं होता। इतना रुदन ठीक नहीं।

वंदना

छोटू का क्या होगा? जितने रुपये पैसे मिले थे वह सब तो हमने बहू के खाते में जमा कर दिए। छोटू की पढ़ाई? हॉस्टल का खर्च! उसे बुला लो। यहीं किसी स्कूल में पढ़ लेगा।

रवीन्द्र आचार्य

एक साल तो रह गया है। समझाना पड़ेगा उसे भी। चलो। सोच रहा हूँ कहीं नौकरी ढूँढ लूँ या जो थोड़े बहुत पैसे हैं उससे कोई छोटा-मोटा काम-धंधा शुरू कर लूँ।

वंदना

काम-धंधा! नौकरी! चलते तो बनता नहीं है तुमसे। कैसे करोगे?

रवीन्द्र आचार्य

कुछ तो करना ही पड़ेगा। जब तक छोटू की नौकरी नहीं लग जाती तब तक।

फोन की घंटी।

जगदीप की आवाज

हलो माँ, मैं छोटू बोल रहा हूँ।

वंदना

हाँ, बोलो बेटे।

जगदीप की आवाज
आप लोग कैसे हैं?

वंदना
हम ठीक ही हैं बेटा।

जगदीप की आवाज
और भाभी?

वंदना
वो भी ठीक ही है। तू कैसा है?

जगदीप की आवाज
मैं ठीक हूँ माँ। एकदम फर्स्ट क्लास।

वंदना
फोन क्यों नहीं किया इतने दिनों तक!

जगदीप की आवाज
कर तो रहा हूँ अभी।

वंदना
अच्छा बता कब तक आ रहा है?

जगदीप की आवाज
माँ... वो... मुझे कुछ पैसों की जरूरत है।

वंदना

हाल ही में भेजे तो थे।

जगदीप की आवाज

मुझे और चाहिए।

वंदना

कितने?

जगदीप की आवाज

पाँच हजार।

वंदना

इतने रुपये क्यों चाहिए?

जगदीप चुप रहता है

ठीक है भेज दूँगी। तूने बताया नहीं, घर कब आ रहा है?

जगदीप की आवाज

माँ इस बार परीक्षा के बाद घर नहीं आऊँगा।

वंदना

घर नहीं आएगा! क्यों?

जगदीप की आवाज

मैं एन.डी.ए. की तैयारी कर रहा हूँ इसलिए। पाँच हजार उसी के लिए चाहिए। जल्दी भेज देना।

वंदना

किसकी तैयारी कर रहा है!

जगदीप की आवाज

एन.डी.ए. की। आप लोग अपना तथा भाभी का ख्याल रखना। रखता हूँ।

वंदना

छोटू... छोटू

रवीन्द्र आचार्य

क्या हुआ छोटू को! वंदना, कुछ तो बोलो... कुछ बोलो तो सही।

वंदना

वह एन.डी.ए. की तैयारी कर रहा है। सुना तुमने छोटू एन.डी.ए. की तैयारी कर रहा है। वह भी फौज में जाएगा।

नेपथ्य से

गोद को इक सूनी कर, तुम वतन पर मर मिटे

वो रहें महफूज सोच , तुम तो ख़तरों से भिड़े

क्या सिला तेरी कुर्बानी का, हम समेटे रह गए

लहरों से लड़ते रहे वो, जो पीछे रह गए

इक हथेली आज भी, तेरी कलाई ताकती
सूनी बूढ़ी आँखें दो , तेरे निशाँ हैं झाँकती
उन आँखों का दर्द पीकर,
होठों को हम सी गए , लहरों से लड़ते रहे वो
जो पीछे रह गए

पटाक्षेप

जनकसुता उर्मिला

दो शब्द

यह नाटक एक अछूते विषय पर उर्मिला के चरित्र की दृढ़ता पर प्रकाश डालता है। रामायण में प्रसंग है कि राजा दशरथ ने मंत्रियों की राय पर राम को युवराज घोषित करने का निर्णय लिया था। उस समय भरत और शत्रुघ्न ननिहाल गए हुए थे। जब राम के युवराज्याभिषेक की तिथि निर्धारित हुई तो रानी कैकेयी ने दासी मंथरा के दुष्प्रभाव में आकर राजा दशरथ द्वारा दिए गए वचनों के सहारे राम के लिये 14 वर्षों का वनवास माँग लिया।

सीता, राम के साथ 14 वर्षों के वनवास पर जाने का निर्णय लेती हैं और लक्ष्मण दादा-भाभी के साथ जाने का निर्णय लेते हैं। उर्मिला भी उनके साथ जाने को तत्पर हो जाती है। पर लक्ष्मण उर्मिला को साथ नहीं ले जाना चाहते हैं। उर्मिला तर्क करती है कि वह अपने सद्यःविवाहित पति से दूर क्यों रहे? जैसे जहाँ राम वहीं सीता वैसे ही जहाँ लक्ष्मण वहीं उर्मिला।

अंत में उर्मिला लक्ष्मण का निर्णय स्वीकारती है और अयोध्या में ही 14 वर्षों तक लक्ष्मण की प्रतीक्षा करने का निर्णय लेती है। पर किस तरह! मैंने उसकी मनोदशा को इन पंक्तियों में वर्णन करने की चेष्टा की है...

पीछे रह जाने की वेदना,

मन में मन-मन भर सूनापन।

सूने दिन, सूनी रात्रि,

शुष्क, कठोर शैय्या से

करवटों का संवाद।

चहुँ ओर स्तब्ध नीरवता,

तुम्हारी सुध न ले पाने की कसक

और अकर्मण्यता का अवसाद।

पीछे रह जाने की वेदना,

मन में मन-मन भर सूनापन।

वर्ष 2025 में कलायन थिएटर द्वारा **"जो पीछे रह जाते हैं"** शीर्षक के अंतर्गत दो लघु नाटकों—**"सम्मान"** और **"जनकसुता उर्मिला"**—का मंचन मेरे निर्देशन में किया गया। इन नाटकों की प्रस्तुतियाँ बेंगलूरु की विभिन्न नाट्यशालाओं में हुईं और दर्शकों द्वारा सराही गईं।

— मथुरा कलौनी
बेंगलूरु, 14 मार्च 2026

जनकसुता उर्मिला

पात्र परिचय

उर्मिला – मिथिला के राजा जनक की दूसरी बेटी।

लक्ष्मण – श्रीराम के अनुज।

कनकलता – उर्मिला की अंतरंग परिचारिका

दृश्य एक

(उर्मिला, लक्ष्मण और कनकलता)

उर्मिला ध्यानमग्न बैठी है। कनकलता गवाक्ष से बाहर देख रही है।

उर्मिला

(निश्वास छोड़ती है।) तो श्रीराम ने भी निर्णय ले ही लिया है।

कनकलता

(उर्मिला की ओर मुड़कर) जी राजकुमारी। सभी स्तब्ध हैं। चहुँ ओर उदासी का साम्राज्य है। श्रीराम के इस निर्णय ने तो महाराज दशरथ के वचन हारने के औचित्य पर पूर्णविराम लगा दिया है।

उर्मिला

(निश्वास छोड़ती है।) कैसी विडंबना है, कनकलता, कि वचन की रक्षा के लिए जीवन की आहुति भी कम है। जीवन की रक्षा से ऊपर है वचन की रक्षा। कहाँ युवराज्याभिषेक का आयोजन हो रहा था, गुरु वसिष्ठ तिथि निर्धारित कर रहे थे, और कहाँ श्रीराम वल्कल धारण कर वन-गमन को प्रस्तुत हैं।

कनकलता

दो वरदानों का वचन तो महाराज दशरथ ने दिया था महारानी कैकेयी को। राजकुमार श्रीराम तो वचनबद्ध नहीं हैं, राजकुमारी। श्रीराम वल्कल धारण कर मुनिवेश में वन जा रहे हैं। इस तरह वे अपना अधिकार ही नहीं छोड़ रहे हैं, माता कैकेयी के अत्याचार का समर्थन भी कर रहे हैं। क्या अनुचित को स्वीकारना अधर्म नहीं है, राजकुमारी?

उर्मिला

महाराज दशरथ वचन हार चुके थे। महारानी कैकेयी ने उनके निष्कासन के सभी द्वार बंद कर दिए थे। फिर पिता का ऋण ज्येष्ठ पुत्र ही तो चुकाता है। श्रीराम ने वही किया जो उनसे अपेक्षित था। जो उनका अपना विवेक लक्षित कर रहा था। वे मानते ही कहाँ होंगे कि माता कैकेयी ने अत्याचार किया है। अधर्म तो तब होता जब वे माता कैकेयी को अनुचित ठहराते। फिर माँ तो माँ होती है। अनुचित कैसे हो सकती है।

कनकलता

महाराज दशरथ महारानी कैकेयी के भवन में हैं और धराशायी हैं। (गला रुँधता है।) वहाँ से अच्छे समाचार नहीं आ रहे हैं, राजकुमारी।

आपके मन में कपट है आर्यपुत्र। यही कहा था महारानी कैकेयी ने महाराज दशरथ से।

उर्मिला

कठोर शब्द हैं कनकलता। इक्ष्वाकु कुल में जन्मे, राजा अज व इन्दुमती के पुत्र, अयोध्या के रघुवंशी राजा दशरथ और एक कपटी! असंभव, कनकलता, असंभव।

कनकलता

महाराज दशरथ कहते रह गए कि इतनी निष्ठुर न बनो रानी कैकेयी, पर महारानी कैकेयी टस-से-मस न हुईं। उनका वक्तव्य था कि राम के युवराज्याभिषेक का समाचार इतना गोपनीय क्यों रखा गया? इतनी शीघ्रता क्यों? भरत और शत्रुघ्न को तो आ जाने दिया होता।

उर्मिला

यूँ तो माता कैकेयी का यह तर्क सही लगता है, पर युवराज्याभिषेक का समाचार क्यों गोपनीय रखा गया, किससे गोपनीय रखा गया, यह राजनीति से संबंधित विषय है। उनको अवश्य ही विधिवत सूचना मिलती। पर सूचना मिलने से पूर्व ही उन्होंने मान लिया कि उनसे जानबूझ कर युवराज्याभिषेक का समाचार छिपाया गया है। उन पर मंथरा का दुष्प्रभाव है कि उन्होंने महाराज की मंशा पर शंका की। अब इस कुल का बेड़ा तो भगवान ही पार लगाएँगे।

कनकलता

महारानी कैकेयी का कहना था कि दो वरदानों का वचन तो महाराज दशरथ ने स्वेच्छा से दिया था। अब महाराज दशरथ, रघुकुल में वचन न निभाने का अपवाद बनना चाहते हैं तो... महारानी कैकेयी अपनी बात पूरी नहीं कर पाई थीं। उससे पहले ही महाराज दशरथ 'हा राम' कह कर मूर्छित हो गए थे।

सिसकती है। विराम।

अपने पिता को धरती में गिरा देख श्रीराम विचलित हो उठे थे। माता कैकेयी ने राम से कहा था कि हे राम! यदि रघुकुल के प्रति निष्ठावान बनना चाहते हो तो अपने पिता की आज्ञा का पालन करो। तुम्हें इस

युवराज्याभिषेक समारोह को छोड़ना होगा और चौदह साल तक दंडक के जंगल में वल्कल धारण कर मुनिवेश में रहना होगा।

उर्मिला

(होंठों पर म्लान हँसी) श्रीराम को क्षण भर भी न लगा होगा निर्णय लेने में। तनिक भी न सोचा होगा कि अवधि 14 सालों की है। ध्यान में आया भी होगा तो विचार को ठहरने ही नहीं दिया होगा कि सुख-साधन विहीन, अपने प्रियजनों से दूर रहने का दुःख कैसे सहेंगे।

कनकलता

जी राजकुमारी। मैं आपको कुछ और भी बताना चाह रही थी।

उर्मिला

बोलो कनकलता, झिझक क्यों?

कनकलता

राजकुमारी वैदेही सीता भी श्रीराम के साथ वनगमन के लिए तत्पर हैं।

उर्मिला

दीदी भी जा रही हैं!

कुछ क्षणों के लिए अँधेरा। जब प्रकाश लौटता है तो मंच पर लक्ष्मण और उर्मिला।

लक्ष्मण

उर्मिले, आने में विलंब हुआ। मैं कल ही आ जाता पर कुछ ऐसे अघटन घट रहे हैं कि मन व्याकुल हो रहा है।

उर्मिला

महाराज दशरथ और महारानी कैकेयी प्रकरण से अवगत हूँ, आर्यपुत्र। कनकलता से अभी-अभी सब ज्ञात हुआ है। आपको भी महाराज दशरथ के पास होना चाहिए।

लक्ष्मण

वहीं था। दादा अपने प्रासाद में गए हैं। मैं तुमसे मिलने चला आया। मेरा मन बहुत विचलित है। माता कैकेयी ने यह अच्छा नहीं किया।

उर्मिला

आर्यपुत्र, महारानी कैकेयी पूर्णतया उस दुष्टा मंथरा के प्रभाव में हैं।

लक्ष्मण

इससे कोई अंतर नहीं पड़ता उर्मिला कि उन्होंने यह जघन्य कार्य मंथरा के प्रभाव में किया है या स्वेच्छा से किया है। उनका यह अपराध क्षम्य नहीं है। भरत को युवराज बनाना था, इतना तो समझ में आता है। श्रीराम ने क्या बिगाड़ा था उनका कि उनके लिए वनवास माँग लिया, वह भी चौदह वर्षों का।

उर्मिला

आपको क्या लगता है कि अयोध्या की प्रजा श्रीराम के रहते भरतभ्राता को युवराज स्वीकार लेती? श्रीराम को अयोध्या से दूर कर ही भरत भ्राता को युवराज बनाया जा सकता है। यही कारण है कि श्रीराम को चौदह वर्षों के लिए दूर भेजा जा रहा है। वह भी इतनी दूर कि अयोध्या के उनके संपर्क की कोई संभावना नहीं है।

श्रीराम की उपस्थिति में किसी और को युवराज बनाने से अयोध्यावासियों को सँभालना कठिन हो जाएगा।

लक्ष्मण

पर मुनिवेश में क्यों? माता कैकेयी ने ऐसा सोचा भी कैसे उर्मी!

उर्मिला

यह माता कैकेयी की सोच नहीं है। वह तो श्रीराम पर बहुत स्नेह रखती थीं। यह हो न हो उस दुष्टा मंथरा के कुटिल मस्तिष्क की उपज है। वही बता सकती है कि श्रीराम को मुनिवेश में क्यों भेजा जा रहा है। वनवास और फिर मुनिवेश, हो सकता है वह ऐसा सोचती हो कि श्रीराम अयोध्या भूल जाएँ और सन्यास ग्रहण कर लें।

लक्ष्मण

श्रीराम तो भरत दादा को प्रसन्नतापूर्वक युवराज बनने देते। चौदह वर्षों के वनवास की कोई आवश्यकता ही नहीं थी।

उर्मिला

विधान है कि यदि कोई राजा या राजकुमार चौदह वर्षों तक राजसिंहासन से दूर रहता है तो वह उस राजसिंहासन पर अपना अधिकार खो देता है।

लक्ष्मण

यह तो पूरी तरह से सोची-समझी मंत्रणा है। (कुछ क्षण ध्यानमग्न।) भाभी वैदेही भी दादा के साथ जा रही हैं। दादा के समझाने पर भी नहीं मान रही हैं। दादा ने कहा कि वन जाने का आदेश तो मेरे लिए है, तुम क्यों जाओगी? भाभी कहती हैं कि पति-पत्नी के संबंध राजकीय आदेशों से परे हैं। जहाँ राम वहीं सीता।

उर्मिला

(हल्के से मुसकाती है।) दीदी ने निर्णय ले लिया तो ले लिया।

लक्ष्मण

उर्मिले, दादा को दंडकवन जाने का आदेश है। घना जंगल है। वन्य पशुओं, क्रूर आदिवासियों और साँप-बिच्छुओं से भरा है। वे अकेले भाभी का ध्यान कैसे रख पाएँगे? आठों प्रहर तो भाभी के साथ नहीं रह सकते।

उर्मिला

कष्ट तो होगा पर दोनों सक्षम हैं। आप भाइयों ने तो जीवन का एक बड़ा भाग मुनि आश्रम में बिताया है। आप अधिक दुःखी न हों। दीदी तो भूमिपुत्री ही हैं।

लक्ष्मण

उर्मिला।

उर्मिला

आर्यपुत्र।

लक्ष्मण

माना कि श्रीराम को मुनि आश्रम में रहने का अनुभव है। पर मुनि आश्रम रहना और घने अरण्य में तृणमूल खाकर लतापत्रों के बिछावन पर सो कर चौदह वर्ष व्यतीत करना, दोनों बहुत बड़ा अंतर है। एक ऐसा अंतर जो कल्पनातीत है।

माना कि भाभी सीता भूमिपुत्री हैं पर उनका लालन-पालन मिथिला के राजप्रासादों में हुआ है। दोनों इस दुखद अभियान के लिए सर्वथा अनुपयुक्त हैं। मैंने निर्णय ले लिया है, उर्मिले।

उर्मिला

कैसा निर्णय आर्यपुत्र?

लक्ष्मण

कि मैं भी उनके साथ जाऊँगा। उनकी सेवा करूँगा।

विराम।

उर्मिला

यह तो बहुत बड़ा निर्णय लिया कुमार, आपने। और बहुत अच्छा निर्णय है। इसको बताने में इतना हिचक क्यों रहे थे। मेरी ओर से आप कोई शंका न पालें। मैं आपकी भार्या हूँ कुमार।

लक्ष्मण

शंका तो हो रही थी। मुझे तो भय था कि यदि तुम न मानो तो मेरा मन डूब जाएगा।

उर्मिला

ऐसा सोच भी कैसे लिया आपने! मेरे प्रति अपने मन में कोई शंका न पालें। मैं प्रसन्न मन, प्रसन्न मस्तिष्क, प्रसन्न चित्त आपके साथ आऊँगी। (मुसकुराती है।) कुलाँचें भरते हुए। दीदी की और श्रीराम की सेवा में मैं आपका हाथ बटाऊँगी। कंधे से कंधा मिला कर। जैसे जहाँ राम वहीं सीता, वैसे ही जहाँ लक्ष्मण वहीं उर्मिला। मुझे भी आपकी सेवा का अवसर चाहिए।

लक्ष्मण चुप रहते हैं।

आप चुप क्यों हैं, आर्यपुत्र? मेरे प्रति किसी भी, कैसी भी, अनिष्ट की आशंका को अपने मन से दूर कर दें।

लक्ष्मण

तुम कोमलांगी हो, उर्मिले। वनवास कष्टसाध्य होगा। न सोने के लिए शैय्या, न सिर पर आच्छादन और न उदर के लिए सुपाच्य भोजन। तुम नहीं सह पाओगी, उर्मिले।

उर्मिला

आप सह पाएँगे कुमार?

लक्ष्मण

मेरे सहने या न सह पाने का प्रश्न ही नहीं उठता है, प्रिये। मेरे पास कोई विकल्प नहीं है।

उर्मिला

यदि मैं कहूँ कि मेरे पास भी कोई विकल्प नहीं है तो?

लक्ष्मण

ऐसा कैसे कह सकती हो प्रिये कि तुम्हारे पास कोई विकल्प नहीं है। यह तो नासमझी है।

उर्मिला

कुमार, मैं मिथिला की राजकुमारी हूँ, इक्ष्वाकु कुल की पुत्रवधू हूँ। कुछ तो समझ आई है मेरी झोली में भी। मेरे पास भी कोई विकल्प नहीं है। और फिर मैं अपने सद्यःविवाहित पति से दूर क्यों रहूँ? जैसे जहाँ राम वहीं सीता वैसे ही जहाँ लक्ष्मण वहीं उर्मिला।

लक्ष्मण

मुझे क्षमा करें देवि। यह असाधारण समय है। अयोध्या नरेश धराशायी हैं। जिसको युवराज बनना था वह वल्कल धारण कर वनवास जा रहा है। मेरा मस्तिष्क ठीक से काम नहीं कर रहा है।

उर्मिला

कुमार आप स्वयं को सँभालें। रानी कैकेयी के कोपभवन जा कर महाराज दशरथ को सँभालें। आप मेरी चिंता न करें। मैं भी आप लोगों के साथ वनवास के लिए आ रही हूँ। जैसे जहाँ राम वहीं सीता वैसे ही जहाँ लक्ष्मण वहीं उर्मिला।

लक्ष्मण

(कुछ क्षण ध्यानमग्न।) बहुत सही कहा तुमने, प्रिये। जहाँ राम वहीं सीता वैसे ही जहाँ लक्ष्मण वहीं उर्मिला। बस थोड़ा अंतर है। जहाँ राम और सीता ठोस और भौतिक रूप से साथ हैं, तुम और मैं केवल मानसिक और आध्यात्मिक रूप में ही साथ रह सकते हैं। वनवास की अवधि पूरी होने तक।

उर्मिला

आर्यपुत्र! आप मेरे ज्ञान, मेरी मेधा का बहुत क्षुद्र आकलन कर रहे हैं। मैंने अपने पति के साथ रहने की बात प्रस्तावित की थी। ठोस और भौतिक रूप से एक साथ रहने की। मानसिक और आध्यात्मिक रूप से साथ रहने की बात कह कर आप क्या बताना चाह रहे हैं? चौदह वर्षों तक मानसिक और आध्यात्मिक रूप से साथ! आप तो अपनी पत्नी को सबकुछ त्याग कर तपस्विनी बनने की राह पर धकेल रहे हैं।

लक्ष्मण

उर्मिला मैं तुम्हें कहीं नहीं धकेल रहा हूँ। मैं विवश हूँ। मैं विवश हूँ। (निर्णयात्मक स्वर के साथ) नहीं, मैं तुम्हें अपने साथ नहीं ले जा सकता।

उर्मिला

यह कैसी विवशता है आर्यपुत्र। ऐसा क्या गोपनीय है इस विवशता में कि आप मुझे, अपनी ब्याहता को नहीं बता सकते?

लक्ष्मण

लड़कपन से अब तक, दादा की हर कठिन घड़ी में मैं उनके समकक्ष रहा हूँ। अब जब दादा के जीवन का सबसे कठिन समय आया है तो मैं उनके साथ रहना चाहता हूँ।

उर्मिला

तो मैंने कब कहा कि आप श्रीराम-सीता के साथ न जायें। आर्यपुत्र, मैं भी चलूँगी आपके साथ। मेरा पथ प्रशस्त है। जब दीदी जा रही हैं तो उन्हीं तर्कों के आधार पर मैं क्यों नहीं जा सकती?

लक्ष्मण

तुम नहीं जा सकती हो उर्मिला। मैं श्रीराम और भाभी वैदेही की सेवा में वन जा रहा हूँ। एक और की रक्षा का भार नहीं लेना चाहता हूँ।

उर्मिला

यह न भूलें आर्यपुत्र कि मैं आयुध चलाने में निष्णात हूँ। और दीदी वैदेही भी।

लक्ष्मण

तुम्हारी उपस्थिति मेरी साधना में विघ्न डालेगी।

उर्मिला

ओह तो यह बात है। आपको अपनी ही साधना पर विश्वास नहीं है। पत्नी की उपस्थिति आपकी साधना में विघ्न डाल सकती है। आपने ऐसा सोचा भी कैसे, आर्यपुत्र?

आनंदकानन में मैंने जिस कुमार को वरण किया था वह इतना सुकुमार निकलेगा मुझे इसका अनुमान भी कैसे हो सकता था! आपको अपनी भार्या ही भार लग रही है।

लक्ष्मण

यही समझ लो उर्मिले। तुम्हारा कुमार लक्ष्मण, जीवन के एक ऐसे सोपान पर है जहाँ गिरने के डर से उसे नीचे झाँकने की अनुमति नहीं है। किसी भी मूल्य पर मैं अपनी साधना से विचलित नहीं होना चाहता हूँ।

उर्मिला

तुम्हारी साधना कुमार!

लक्ष्मण

दादा-भाभी की सेवा करना किसी साधना से कम नहीं है।

उर्मिला

तुम्हारी कोई भी साधना तुम्हारी ब्याहता के सहयोग के बिना पूरी नहीं हो सकती है, आर्यपुत्र।

लक्ष्मण

मैं कहाँ कह रहा हूँ कि तुम्हारे सक्रिय सहयोग के बिना मेरी साधना पूरी हो सकती है। मैं जंगल में दादा-भाभी की सेवा करता हूँ, तुम यहाँ अयोध्या में रहकर वृद्ध महाराज और माताओं की देखभाल करो। यह घटना भरत और शत्रुघ्न के लिए कुठाराघात समान होगी। उनको सँभालना पड़ेगा।

उर्मिला

उनको सँभालने के लिए उनकी भार्याएँ हैं।

विराम।

(विनीत स्वर में) इतना कठोर निर्णय न लो कुमार। मैं तो समझे बैठी थी कि मैं तुम्हारे साथ रहूँगी, तुम्हारी वामांगी जो हूँ। मुझे अपने सानिध्य से वंचित न करो कुमार। मुझे भी साथ ले चलो।

लक्ष्मण

उर्मिले, मैंने हृदय पर पाषाण रख कर यह निर्णय लिया है। तुम भी जी को कड़ा कर लो। मुझे मेरे कर्तव्य पथ से न डिगने दो। निकल जायेंगे ये चौदह वर्ष भी। तब तक...

कनकलता का प्रवेश

कनकलता

आर्य सुमंत द्वार पर हैं, आपको बुला रहे हैं राजकुमार।

लक्ष्मण

ऐसा प्रतीत होता है कि आज अयोध्या में अघटन घटने का समय है। आज यह दूसरी बार आर्य सुमंत स्वयं बुलाने आए हैं। प्रिये, आर्य सुमंत को प्रतीक्षारत द्वार पर खड़ा नहीं रखा जा सकता है। मुझे अनुमति दो।

लक्ष्मण का प्रस्थान।

दृश्य दो

(उर्मिला और कनकलता)

मद्धिम प्रकाश।
उर्मिला उद्वेलित मन से खड्ग चलाती है। कनकलता आकर खड्ग से उसकी पकड़ ढीली करती है। खड्ग एक ओर रखती है और उसे आसन पर बैठाती है।

उर्मिला

कनकलता, सुना तुमने, लक्ष्मण नहीं चाहते हैं मैं उनके साथ चलूँ। सप्तपदी की सुगंध अभी तक मेरी नासिका में बसी है। आजीवन साथ चलने का संकल्प लिया था। और अब मेरे साथ चलने से उनकी तपस्या में विघ्न पड़ता है। श्रीराम सहर्ष दीदी को साथ ले जा रहे हैं। पर मैं कुमार के लिए बोझ बन जा रही हूँ। (आँखों में आँसू उमड़ आते हैं।)

मैं अपनी रक्षा कर सकती हूँ, कनक। उनको मालूम है कि हम चारों बहनों ने गुरुकुल में आयुधों की दीक्षा ली है।

कनकलता

राजकुमारी, मुझे क्षमा करें पर मैं समझती हूँ कि भावना के अतिरेक से आपका विवेक दबा जा रहा है।

उर्मिला

मेरे पति, मुझे छोड़ कर चौदह वर्षों के लिए वनवास जा रहे हैं और भावनाओं का अतिरेक भी न हो! मैं प्रस्तर प्रतिमा नहीं हूँ, कनक। मैं जीवित हूँ। जीवंत हूँ। हृदय है। भावनाएँ हैं। स्त्री हूँ। भावुक हूँ। अश्रु बहते हैं नयनों से।

चौदह वर्ष, कनकलता... चौदह निर्दयी वर्ष। (रोती है। स्वयं को संयत करती है।) कैसे विवेक की बात कर रही थी तुम, जिसे मेरी भावनाओं ने दबा रखा है?

कनकलता

वहाँ वनवास में राजकुमार लक्ष्मण आपके पास रहते हुए भी आपके साथ नहीं होंगे। भौतिक रूप से आपके साथ रहते हुए भी उनका मन दादा-भाभी के पास होगा। उनकी सेवा-साधना में होगा। इस स्थिति से बचने के लिए ही वे नहीं चाहते कि आप साथ आएँ। राजकुमार लक्ष्मण अवश्य ही नहीं चाहेंगे कि उनकी ब्याहता पत्नी वनवास की कठिन परिस्थितियों में स्वयं को उपेक्षित समझे।

उर्मिला

मैं भी तो सेवा-भाव से ही तो सबके साथ रहूँगी। यही तो मैं कुमार को समझाने का प्रयत्न कर रही थी। उपेक्षित होने का प्रश्न ही नहीं उठता।

कनकलता

(कुछ क्षण सोचती है।) ऐसी आयाचित स्थिति आ सकती है जब आपको और राजकुमारी सीता को एक ही समय राजकुमार लक्ष्मण की आवश्यकता आन पड़े। लक्ष्मण अपनी भाभी को ही प्राथमिकता देंगे न, जिनके कारण उन्होंने वनगमन का वरण किया है।

उर्मिला

मैं भी तो यही चाहूँगी कि प्राथमिकता दीदी को मिले। मैं अपने मन में यह भाव आने ही क्यों दूँगी कि कुमार मेरी उपेक्षा कर रहे हैं।

कनकलता

आप ऐसा सोच सकती हैं क्योंकि आप भी सेवा भाव से उन सब के साथ हैं। आप यही चाहेंगी कि राजकुमार लक्ष्मण आपको छोड़ कर पहले राजकुमारी सीता का कष्ट निवारण करें। पर राजकुमार लक्ष्मण तो अपनी तरह से सोचेंगे न, कि आपके बुलाने पर भी वे आपके पास नहीं आ पा रहे हैं। कहीं-न-कहीं उनके मन में ऐसा अपराध बोध तो उपजेगा। विशेष कर तब जब आप किसी गंभीर संकट में हों।

विराम।

उर्मिला

कनकलता, स्थिति की तुमने बहुत ही सटीक समीक्षा की है। अपनी ही भावनाओं के वशीभूत हो कर मैंने ऐसी संभावना पर ध्यान ही नहीं दिया। आर्यपुत्र इस मानसिक स्थिति पर कितना कष्ट भोग रहे हैं। और मैं अपनी ही भावनाओं में बही जा रही थी। वृथा मान कर रही थी।

कनकलता

राजकुमारी, सँभालें अपने आप को।

उर्मिला

कनकलता, मेरा शृंगार करो। आर्यपुत्र को विधिवत विदाई देनी है।

कुछ क्षणों के लिए प्रकाश जाता है। जब प्रकाश लौटता है, मंच में लक्ष्मण और उर्मिला हैं।

दृश्य तीन

(उर्मिला, लक्ष्मण और कनकलता)

लक्ष्मण

प्रस्थान का समय आ गया है। मुझे विदा करो प्रिये। चौदह वर्षों के लिए तुम्हारी मोहिनी छवि मन में बसा कर ले जा रहा हूँ। वनवासोपरांत ही तुमसे मिल पाऊँगा।

उर्मिला

जा रहे हो प्रिय, वहाँ दादा-भाभी की सेवा करना। यहाँ की बिंदुमात्र भी चिंता मत करना। यह सदा याद रखना कि तुम्हारे प्राण मेरी धरोहर हैं।

लक्ष्मण उर्मिला के दोनों हाथ पकड़कर अपनी ओर खींचता है। उर्मिला हौले से अपने को छुड़ा कर दूर जाती है।)

मुझे एक वचन देते जाओ।

लक्ष्मण

सभी वचन तो तुम पर हार गया हूँ उर्मिले। मुझे ग्लानि हो रही है कि तुम्हारी मेरे साथ चलने की इच्छा पूरी नहीं कर पाया।

उर्मिला

इसीलिए तो एक वचन माँग रही हूँ।

लक्ष्मण

माँगो प्रिये, माँगो। तुम्हारे लिए कुछ कर पाया तो मन का बोझ कुछ कम होगा।

उर्मिला

मैं आपसे बिछड़ने का साहस नहीं जुटा पा रही थी। आपने मुझे साथ न ले जाने का निर्णय लेकर कोई अपराध नहीं किया है।आप वचन दें कि आप ऐसा कोई अपराध भाव नहीं पालेंगे। मैं यहाँ राजप्रासादों में सुख-सुविधाओं के साथ सुखी रहूँगी। आप प्रसन्न हों कि मैं उस कंटकाकीर्ण वन से बहुत दूर रहूँगी। दंडकवन के काँटे मेरे पाँवों में न चुभने पाएँगे।

कनकलता आरती का थाल लाती है। उर्मिला लक्ष्मण की आरती उतारती है। आरती के बाद थाल कनकलता को पकड़ाती है।

उर्मिला

जाइए नाथ अपने कर्तव्य-पथ पर। चौदह वर्षों के बाद मैं आपको यहीं मिलूँगी।

उर्मिला चरणों में झुकती है। लक्ष्मण उसे उठाता है।

लक्ष्मण

उर्मिला तुमने अपने व्यक्तित्व से, अपने आचरण से, अपनी बुद्धिमत्ता से मुझे पूर्णतया अभिभूत किया है। मैं प्रयत्न करूँगा कि अपनी चौदह वर्षों की तपस्या से स्वयं को तुम्हारे योग्य बना सकूँ।

लक्ष्मण का प्रस्थान। उर्मिला वहीं खड़ी रहती है। कनकलता उसे आसन पर बिठाती है।

उर्मिला

(टूटती है।) कनक लक्ष्मण मुझे छोड़ कर चले जा रहे हैं। मैं पीछे रह गई। मैं पीछे रह गई, कनक।

कनकलता

राजकुमारी आपके इस तरह विलाप करने से राजकुमार लक्ष्मण बहुत विचलित होंगे। अपने को सँभालें। राजकुमार लक्ष्मण का त्याग, उनकी निष्ठा, उनका कर्तव्य बोध श्लाघनीय है।

उर्मिला

रो लेने दे कनक। आज रो लेने दे। आज सारे संयम धरे के धरे रह गए। सारे अश्रु आज ही जाने दे। उखड़ी है साँस तो उखड़ जाने दे।

(स्वयं को संयत कर गंभीर स्वर में) इस प्रासाद के पूर्व में जो उद्यान है उसके मैं पूर्व के एक कोने में पर्णकुटिया बनाऊँगी। उसी कुटिया की भूमि में मेरा शयनागार होगा। आज से मैं तृणमूल पर ही जीवन यापन करूँगी। जब तक आर्यपुत्र नहीं लौटते मैं उन्हीं की तरह प्रासादीय सुख-सुविधाओं से विहीन उस कुटिया में रहूँगी।

कनकलता

बहुत कठोर प्रण है राजकुमारी। (रोती है।)

आपके निर्णय को नमन। आपकी आस्था को नमन। आपके समर्पण को नमन।

उर्मिला

पूर्व में तुमने बड़े वृक्षों वाला जंगल देखा है न, उन्हीं पेड़ों के पीछे से जब सूर्य उगता है तो पेड़ों पर क्षितिज बनाती हुई एक स्वर्णिम रेखा खिंच जाती है।

कनकलता

हाँ राजकुमारी मैंने देखी है वह प्रातःकालीन स्वर्णिम रेखा।

उर्मिला

जब भी मैं उस स्वर्णिम रेखा को देखती हूँ मन आशावान हो उठता है। उसी क्षितिज को निहार कर मैं वनवास की अवधि पूरी कर लूँगी। (स्वगत) उसी क्षितिज को निहार कर मैं वनवास की अवधि पूरी कर लूँगी। (आँसू भरे नेत्रों से कनकलता को देख कर) चौदह वर्ष बहुत लंबे होते हैं न कनक ?

कनकलता

नहीं राजकुमारी। स्वर्णिम क्षितिज को देखते रहिए। चौदह वर्ष यूँ निकल जाएँगे।

पटाक्षेप

मथुरा कलौनी – लेखक परिचय

मथुरा कलौनी का जन्म 20 जनवरी 1947 को पिथौरागढ़ में हुआ तथा उनकी शिक्षा-दीक्षा कोलकाता में हुई। पहाड़ों में बीते उनके बचपन की स्मृतियाँ उनके मन में गहराई से बसी हुई हैं और समय-समय पर उनकी रचनाओं में उभर आती हैं। उनके लेखन की विशेषता यह है कि वे गंभीर से गंभीर विषय को भी हास्य और व्यंग्य के सजीव मिश्रण के साथ प्रस्तुत करते हैं। प्रेम, शृंगार, सौम्य विडंबना और सूक्ष्म हास्य उनके आकर्षक कथन-शिल्प में स्वाभाविक रूप से प्रवाहित होते हैं, जिससे उनकी रचनाएँ अत्यंत पठनीय और भावनात्मक रूप से प्रभावशाली बन जाती हैं।

कलौनी विशेष रूप से अपने सजीव चरित्र-चित्रण और मानव संबंधों के विविध आयामों को उकेरने की क्षमता के लिए प्रशंसित हैं। उनकी रचनाएँ अनेक साहित्यिक विधाओं—उपन्यास, कहानी और नाटक—में विस्तृत हैं। उनके लेखन के विषय ऐतिहासिक व्यक्तित्वों के आंतरिक द्वंद्व से लेकर प्रेम के कोमल भावनात्मक अनुभवों, मनोवैज्ञानिक रूप से जटिल चरित्रों, अपराध-जगत के रहस्यों और समाज के हाशिए पर खड़े वर्गों के मौन संघर्षों तक फैले हुए हैं।

उन्होंने चार दशक से अधिक समय पहले अपनी साहित्यिक यात्रा आरंभ की। वर्ष 1988 में उन्होंने बेंगलूरु में कलायन नाट्य संस्था की स्थापना की और 1999 में ऑनलाइन साहित्यिक पत्रिका कलायन पत्रिका का प्रकाशन आरंभ किया। उनकी लगभग 150 कहानियाँ प्रतिष्ठित साहित्यिक पत्रिकाओं में प्रकाशित हो चुकी हैं। पिछले 38 वर्षों में उन्होंने बाईस बड़े नाटक और एक दर्जन से अधिक लघु-नाटकों का

लेखन और मंचन किया है। उनके बारह नाटक, चार लघु-उपन्यास और एक कहानी-संग्रह प्रकाशित हो चुके हैं।

कंबोडिया, बीजिंग, असम–मेघालय, राजस्थान और बाली में आयोजित अंतरराष्ट्रीय हिंदी सम्मेलनों में उनके नाट्य-पाठ को व्यापक सराहना मिली है।

आईटीसी लिमिटेड में रिसर्च मैनेजर के पद से सेवानिवृत्ति के बाद वे वर्तमान में बेंगलूरु में निवास करते हुए नाटकों के लेखन और निर्देशन में सक्रिय हैं।

संपर्क:

ईमेल: editor@kalayan.org

वेबसाइट: https://www.mathurakalauny.com/

मथुरा कलौनी की पुस्तकें

1. हास्य नाटक / प्रहसन

- कायापलट*
- जोड़तोड़*
- कब तक रहें कुँवारे*
- चिराग का भूत#

2. ऐतिहासिक नाटक

- प्रियदर्शी अशोक*

3. आंचलिक नाटक

- कब होगी भेंट*
- सुबह का भूला

4. विविध नाटक

- **स्वयंवर, स्वयंवर (2010)**
- **जो पीछे रह जाते हैं****
- **कौन हो तुम बृहन्नला#**
- **लंगड़#**
- **उसने कहा था**
- **संदेश**
- **तू नहीं और सही#**

- धतूरे के बीज*
- एक शाम प्रेमचंद के नाम*
- निष्कासित
- मेरा दुश्मन मंटो
- चंद्रकान्ता (नाटक)

5. उपन्यास
- वहाँ से वापसी***
- इसी भूमि में***
- विषकन्या
- चंद्रभवन तृप्तिभवन*

6. कहानी संग्रह
- विषकन्या और दस कहानियाँ**

---

7. अंग्रेज़ी में लघुनाटक
- Tea or Coffee
- Chiraag Ka Bhoot
- The Only Occupation
- The Message
- Plain Jane
- Feminine Charm
- Family Way
- Fire! Fire!
- Love Is a Mango

- **The Prize Catch**
- **Father Like Figure**
- **Chor**
- **Encounter**
- **Four Aces**

प्रकाशन विवरण

*** नोशन प्रेस द्वारा प्रकाशित; ऐमज़ॉन तथा अन्य जालस्थलों पर उपलब्ध।**

 # नोशन प्रेस द्वारा प्रकाशित पुस्तक "दशा" में संकलित; ऐमज़ॉन तथा अन्य जालस्थलों पर उपलब्ध।

**** अभिव्यक्ति प्रकाशन, दिल्ली – 110032 द्वारा प्रकाशित।**

***** अशोक बुक्स, सेलम – 636007 द्वारा प्रकाशित।**